PARA SIEMPRE YA Y PARA SIEMPRE YA Y PAR
PRE YA Y PARA SIEMPRE YA Y PARA SIEMPRE
PARA SIEMPRE YA Y PARA SIEMPRE YA Y PAR
PRE YA Y PARA SIEMPRE YA Y PARA SIEMPRE
PARA SIEMPRE YA Y PARA SIEMPRE YA Y PAR
PRE YA Y PARA SIEMPRE YA Y PARA SIEMPRE
PARA SIEMPRE YA Y PARA SIEMPRE YA Y PAR
PRE YA Y PARA SIEMPRE YA Y PARA SIEMPRE
PARA SIEMPRE YA Y PARA SIEMPRE YA Y PAR
PRE YA Y PARA SIEMPRE YA Y PARA SIEMPRE
PARA SIEMPRE YA Y PARA SIEMPRE YA Y PAR
PRE YA Y PARA SIEMPRE YA Y PARA SIEMPRE
PARA SIEMPRE YA Y PARA SIEMPRE YA Y PAR
PRE YA Y PARA SIEMPRE YA Y PARA SIEMPRE
PARA SIEMPRE YA Y PARA SIEMPRE YA Y PAR
PRE YA Y PARA SIEMPRE YA Y PARA SIEMPRE
PARA SIEMPRE YA Y PARA SIEMPRE YA Y PAR
PRE YA Y PARA SIEMPRE YA Y PARA SIEMPRE
PARA SIEMPRE YA Y PARA SIEMPRE YA Y PAR
PRE YA Y PARA SIEMPRE YA Y PARA SIEMPRE
PARA SIEMPRE YA Y PARA SIEMPRE YA Y PAR

Tono de Hevia

# YA Y PARA SIEMPRE

Memoria viva de Jorge Ribera Sempere

© Tono de Hevia, 2026
© Ediciones Nueva Eva, 2026


www.nuevaeva.es
martamoreno@nuevaeva.es

Revisión del texto: Marta Moreno Candel
Diseño de cubierta: Irene Cantero Moreno
Diseño y maquetación: José S. Cantero
ISBN: 979-13-990917-3-1
Depósito Legal: M-7553-2026
Impresión: Campillo Nevado S.A.

Printed in Spain – Impreso en España

**Sam**

*Soy yo, soy su Sam. ¿No conoce a su Sam?*

**Frodo**

*No puedo hacer esto, Sam.*

**Sam**

*Lo sé. Ha sido un error. No deberíamos ni haber llegado hasta aquí... Pero henos aquí, igual que en las grandes historias, señor Frodo, las que realmente importan, llenas de oscuridad y de constantes peligros. Esas de las que no quieres saber el final, porque ¿cómo van a acabar bien? ¿Cómo volverá el mundo a ser lo que era después de tanta maldad como ha sufrido? Pero al final, todo es pasajero. Como esta sombra, incluso la oscuridad se acaba, para dar paso a un nuevo día. Y cuando el sol brilla, brilla más radiante aún. Esas son las historias que llenan el corazón, porque tienen mucho sentido, aun cuando eres demasiado pequeño para entenderlas. Pero creo, señor Frodo, que ya lo entiendo. Ahora lo entiendo. Los protagonistas de esas historias se rendirían si quisieran. Pero no lo hacen: siguen adelante, porque todos luchan por algo.*

**Frodo**

*¿Por qué luchas tú ahora, Sam?*

**Sam**

*Para que el bien reine en este mundo, señor Frodo. Se puede luchar por eso.*

*El Señor de los Anillos*

# ÍNDICE

# Prólogo

Con gran gozo y agradecimiento a Dios por el regalo de la fe y el testimonio de los pequeños, quiero abrir este libro, *Ya y para siempre*, que relata la vida de Jorge Ribera Sempere, un joven valenciano que supo encontrar, aun en medio de la enfermedad y del dolor, el consuelo de Cristo. Su vida se convirtió así en un testimonio de cómo Dios nos ama desde siempre, para siempre y en todas las circunstancias de nuestra vida.

Es cierto que la enfermedad a menudo nos plantea multitud de interrogantes y puede resultar un misterio difícil de comprender, pero no significa en ningún caso que Dios haya dejado de amarnos, como tampoco la muerte de Cristo era un signo de que Dios no amaba a su Hijo. Los cristianos vivimos con la certeza de que el amor de Dios por cada uno de nosotros es más fuerte que la muerte, pues Cristo en su resurrección nos rescató de la muerte para conducirnos a la vida eterna.

También estamos convencidos de que Aquel que es el Camino, la Verdad y la Vida nunca se aleja de la cama de los enfermos, con los que comparte cada uno de sus dolores. Y eso Jorge, a pesar de su juventud, ya lo había descubierto. Por eso precisamente decidió convertir su vida en oración y en un acto de amor: amor a Dios y a amor a los demás, por los que, a imitación de Cristo, aprendió a ofrecer sus sufrimientos.

De este modo, la leucemia de Jorge se convirtió en ocasión de encuentro con Jesús, en un testimonio de fe y de confianza inquebrantable en Dios para quienes lo acompañaron en su enfermedad. Así, el dolor de Jorge, como el de cada enfermo que decide ofrecerlo por amor, se transformó en ocasión de salvación para él mismo y para otros.

Durante los diez años que duró su enfermedad, Jorge vivió muy cerca de Cristo y no perdió nunca la esperanza. Y si bien pedía la curación, vemos en las anotaciones de sus cuadernos cómo decía a sus *Smile Soldiers* —esos «soldados de la sonrisa» que tanto rezaban para que se curara— que hablaran con Jesús, pero no para pedirle por su curación, «que hay demasiada gente rezando por ello», sino, como explicaba, «para que mi familia y yo llevemos muy bien el proceso y el desenlace, sea cual sea».

Decía el Papa León XIV el 7 de septiembre de 2025, durante la canonización de Pier Giorgio Frassati y Carlo Acutis, que ambos «cultivaron el amor a Dios y a los hermanos a través de medios sencillos, al alcance de todos: la Misa diaria, la oración, y especialmente la adoración eucarística. Carlo decía: *Cuando nos ponemos frente al sol, nos bronceamos. Cuando nos ponemos ante Jesús en la Eucaristía, nos convertimos en santos*». Esas mismas palabras de nuestro Papa pueden aplicarse, como veremos a lo largo de estas páginas, a la vida de Jorge Ribera y a la de tantos otros jóvenes que deciden dar su sí a Cristo, poniendo en Él toda su esperanza.

Necesitamos en nuestra Iglesia cristianos que sean sembradores de esperanza. La esperanza es una de las cosas que más necesita nuestro mundo actual. Y al hablar de esperanza, no me refiero a un optimismo superficial que enseguida se desvanece, sino a una garantía frente a las dificultades de la vida. En el caso de Jorge, la enfermedad le golpeó con dureza, pero no le venció, porque ni la enfermedad, ni el dolor, ni la muerte tienen la última palabra.

La vida de Jorge y la forma en que abrazó la muerte son una muestra de cómo este joven supo aceptar en cada momento los designios de Dios con una alegría contagiosa, desde el principio hasta el final. Y cuando Dios quiso llamarle el 29 de febrero de 2020, estoy convencido de que Jorge se encontró con Quien en realidad nunca se había separado de su lado.

Por eso, al igual que el camino de Cristo no terminó en la muerte, confiamos que tampoco lo hizo el de Jorge, que estaba llamado a participar con Cristo también de su resurrección, y vivir en la presencia de Dios para siempre. Esa es nuestra esperanza.

**Enrique Benavent Vidal**

+ Arzobispo de Valencia

Roma, 9 de marzo 2026

Sr. D. Jorge Ribera Ribera
VALENCIA

Queridísimos Trini y Jorge:

Me dio mucha alegría recibir vuestra carta, acompañada del texto *Ya, y para siempre*, que ha escrito Tono, narrando la vida de vuestro hijo Jorge. Os lo agradezco muy de veras. Aunque por diversas razones no me será posible escribir el prólogo, sí quiero enviaros estas líneas para transmitiros toda mi cercanía y afecto.

Recuerdo con cariño la conversación telefónica que mantuve con Jorge pocos días antes de que se fuera al Cielo. Transmitía la fe y la esperanza propias de quien se sabe en manos de Dios: una seguridad que surgió de su visión sobrenatural. Procuró santificarse a través de su enfermedad y de su vocación a la Obra, dándonos a todos un gran ejemplo de entrega alegre, con esa *alegría que tiene sus raíces en forma de Cruz*.

Como me decíais, el carisma de Jorge era precisamente llegar a todos, independientemente de quiénes fueran. Rezo para que su testimonio ayude a quienes lean este libro a encontrarse con el Señor; y encomiendo también los frutos de esta publicación y la labor social de la parroquia a la que habéis querido destinar los beneficios.

Os agradezco mucho todo lo que hacéis y me sigo apoyando en vuestra oración.

Con mi más cariñosa bendición

*Vuestro Padre bendice*

**Carta de Mons. Fernando Ocáriz, Prelado del Opus Dei**

# Introducción

Conocí a Jorge en 2015. Me escribió después de ver un vídeo que publiqué en YouTube pidiendo una oración por mi sobrina Lucía, diagnosticada con un tumor cerebral. Él había puesto en marcha un pequeño ejército de lo que llamó *Smile Soldiers* mientras estaba hospitalizado, a través de publicaciones bajo el nombre «Aislado en mi suite». Relataba con humor y valentía su lucha diaria contra la enfermedad con referencias a su fe y enseguida su ejército de oradores se sumó a la causa de Lucía.

Cuando descubrimos que ambos éramos de Valencia y que, de no ser por la diferencia de edad —él rondaba los veinte y yo ya tenía treinta y siete—, probablemente nos habríamos cruzado antes, decidimos quedar a almorzar. Ahí nació nuestra amistad.

Puede que suene a topicazo, pero me impresionó su madurez a pesar de su juventud, y también ese entusiasmo suyo por la vida, por reír y por disfrutar de todo. Recuerdo perfectamente que, al llegar a casa después del almuerzo, le dije a mi mujer que había conocido al chico de los *Smile Soldiers*... y que tenía la sensación de que formaría parte de nuestras vidas.

Gracias a él conocí al detalle lo que es la leucemia, me hice donante de médula y juntos impulsamos varias iniciativas solidarias. Jorge llegó a convertirse en alguien más de mi familia. A mi mujer, Paloma, la conquistó con su simpatía desde el primer minuto y en casa, cuando mis hijos pequeños oían que venía Jorge, daban saltos de alegría.

Cenábamos juntos con frecuencia —en algún restaurante o en mi casa— y hablábamos largo y tendido, sin filtros. Yo no vivía mis mejores años, y reconozco que me desahogaba mucho con él. Os puedo confesar que cuando se fue se llevó muchas de mis sombras, y él también me confió algunas de sus «venialidades», si se les puede llamar así. Lo que está claro es que en oscuridad siempre le gané por goleada.

Esa manera tan natural de generar confianza me la han descrito prácticamente todos sus amigos. En mi caso, es posible que esas confidencias llegaran aún más lejos, porque me acompañó en uno de los momentos más duros de mi vida. Mi hija mayor, con solo doce años, atravesó un problema de salud grave y Jorge estuvo a mi lado. ¡Vaya si lo estuvo!

Muchos no sabemos cómo actuar ante esas situaciones, si acercarnos o dar espacio por miedo a molestar, pero él no dudó: no solo me preguntaba por mi hija, sino también por cómo estaba yo. Hablar con él me daba mucha paz. Que me aconsejara alguien que había visto la cara más dura de la enfermedad y se había mantenido tan cerca del Señor me daba esperanza. Ciertamente, me ayudó a levantarme y a abrazar esa cruz lo mejor que pude.

Para toda mi familia, la política también, Jorge siempre será especial. Hizo algún favor importante a personas de mi entorno y, aunque no me corresponde a mí contarlo, lo que hizo habla de su generosidad incondicional.

Tengo muchas anécdotas con él. Algunas de ellas las compartiré con vosotros a lo largo de este libro. Sí os digo que creo que Jorge ha sido el único amigo al que le he dicho sin reparos «te quiero», quizá porque siempre supe que podía perderlo en cualquier momento. Él también me lo decía. Se puede comprobar porque aún guardo nuestro historial de WhatsApp. No es algo que los hombres digamos con facilidad, pero con él era distinto. También es verdad que en mi familia solemos decirlo mucho, y Jorge, como era uno más, se dejó querer.

En mi entorno, o en mi cultura, no sé muy bien cómo explicar esto, es habitual que, cuando alguien tan excepcional como él se va, se le recuerde como a un héroe. Y sus últimos años, desde luego, fueron heroicos. Pero también se dice que un héroe no siente miedo, y Jorge, como cualquier ser humano, seguro que sintió inquietud algunas veces. Tenía veinticuatro años, ¿cómo no iba a sentirla?

Sin embargo, el hecho de irse no le impresionaba ni le sacudía como nos sacude a quienes, como él, amamos profundamente la vida. Seguramente hubo momentos en los que sí sintió miedo, aunque no lo exteriorizara. Pero puedo asegurar que lo que verdaderamente le aterraba era la idea de que su partida pudiera alejar de Dios a alguno de sus hermanos, o herir de tal modo a sus padres que acabaran enfadándose con Él.

Como muchos estáis pensando, efectivamente, no se trataba de ser un héroe. Jorge no quería serlo. Él quería ser santo. Y creo sinceramente que lo consiguió. Para mí, sin ninguna duda, lo es. Estoy convencido de que está con el Señor. No solo por lo que vi en su vida, que es bastante, sino por todo lo que he ido descubriendo al documentarme para escribir este libro. Además, hoy estoy entre los que no saben cómo explicarlo bien del todo, pero siento que intercede de alguna manera por mí y por los míos. Cualquiera que me conozca puede atestiguar que, desde que él está «Arriba», no han dejado de pasarme cosas buenas.

Sé que, cuando termine mi estancia en el purgatorio y nos veamos, probablemente me dará una colleja por lo que voy a hacer aquí. Y es que me he tomado la licencia de escribir parte del libro en primera persona, ayudándome de su familia, de sus amigos y de los cientos y cientos de escritos, mensajes y entrevistas que dejó. Digamos que, de lo narrado en primera persona, un ochenta por ciento es suyo, y el resto procede de testimonios directos de quienes mejor lo conocieron. Yo solo he puesto algún pequeño recurso literario —fácil de identificar— para que todo encajara de la forma más natural posible.

He pasado muchísimas horas leyendo el material que su madre ha recopilado con tanto cariño desde la muerte de Jorge. Después, he buscado un hilo conductor para hacer la lectura más atractiva, llevándolo a la oración y pidiendo luz para contar su historia con el máximo respeto. Y creo que él mismo me ha dado permiso para hacerlo así.

Añado, al final de cada capítulo, testimonios de quienes compartieron algo de su vida con él. También algunos de los que lo conocieron después de su muerte. Y si algo tengo claro es que, cuanta más gente sepa quién fue Jorge en la tierra, mejor para todos. Y nadie mejor que quienes lo amaron para contarlo.

# 1. Verano de 2010.
# La pregunta que nadie se quiere hacer

Si os soy sincero, el inicio de todo aquello lo tengo bastante borrado. Si me acuerdo de algo es porque lo he contado tantas veces que al final es casi como si lo hubiera visto hace poco en una serie de Netflix. Además, mi historia empezó en realidad mucho antes de que yo pudiera enterarme de nada.

Mi madre cuenta que un día, cuando estaba embarazada de seis meses, se despertó con la típica sensación rara que te avisa de que algo no va bien. ¡Y vaya si no iba bien! ¡Se le había roto la bolsa prematuramente! Mi llegada al mundo no podía ser de otra forma... Para que luego no digan que no avisé, el primer susto fue casi nada más empezar: médicos, hospital, riesgo altísimo de que yo naciera demasiado pronto y no sobreviviera... Ahí estaba yo, aún sin estrenar la vida y ya provocando diagnósticos y quebraderos de cabeza. Aunque con toda probabilidad, yo estaría ahí dentro tan pancho mientras fuera todo eran caras largas y preocupación.

A mi madre la ingresaron y le dijeron que debía guardar reposo absoluto, de esos de «ni pestañear», para ver si así conseguían ganar días. Sí, sí, he dicho ganar días, lo que ya es una señal de cómo iba a ser mi vida después, siempre rascando horas. Pero en ese momento nadie podía imaginarlo.

Y como no podía ser de otra forma, por el *nasciturus* y «futuro Jorge», todo el mundo a rezar. Mis padres empezaron a pedir oraciones por todas partes: familia, amigos, gente que ni conocíamos, y hasta las religiosas —que siempre están aunque no las veas— se pusieron a ello, para que de repente, lo que parecía imposible pasara: después de diez días, la pérdida de líquido se frenó y mandaron a mi madre a casa. En reposo total, sí, pero en casa. Aguanté quietecito un tiempo más. A los ocho meses y medio de gestación, cuando ya era viable, provocaron el parto. Así fue como llegué yo, sano, entero y sin ningún problema. Un niño normal y corriente.

Mi infancia fue feliz y tranquila. Las aventuras de tres hermanos ya dan de por sí para un libro entero, pero me han pedido que vaya al grano, así que dejaré las batallitas para otro momento. O mejor dicho, me salto esa instrucción y os doy un par de pinceladas de esa época de mi vida, porque creo que es importante para que entendáis el contexto.

De pequeño, además de estudiar en el colegio El Vedat de Torrent, mis padres me llevaron al club juvenil Dardo. Allí es donde aprendí a rezar de una forma natural. Comencé a ir a misa algún día entre semana, a tener un plan de vida y un director espiritual. Y fue también allí donde entendí que Dios me pedía un poco más —sin duda, Él ya sabía que su *poco más* iba a ser llamarme a su casa menos de una década después, aunque yo por aquel entonces todavía lo ignorara—. Total, que el 11 de octubre de 2009 pedí la admisión al Opus Dei porque tenía una certeza absoluta, aunque sabía que, por mi edad, esa petición simplemente abría un largo camino de espera y discernimiento antes de poder hacerse efectiva. Ahora pienso en la paz que me dio, cuando todo empezó a torcerse, hacerme esta reflexión: ¿cómo no me iba a recibir el Señor en su casa, si yo iba a la suya todos los días y lo recibía en la comunión?

Unos meses después, en el verano de 2010, llegaron los primeros avisos. Me notaba cansado, con flojera, como si me hubieran desenchufado. Los diagnósticos caseros de mis padres eran los típicos que se arrastran de episodios anteriores parecidos: «Estará creciendo», «cosas de la adolescencia», «ya se le pasará en unos días». Hasta que nos fuimos a Alicante, a casa de mis abuelos, donde se supone que debería haber revivido, pero yo seguía igual: todo el día adormilado, sin fuerzas y con un esguince en el pie que me dio la excusa perfecta para no moverme. Aquello solo retrasó la noticia.

La cosa se complicó con un dolor rectal que yo no había sentido en mi vida y que, esta vez sí, me hizo ir al médico. Me dijeron que era una infección, me recetaron un antibiótico y todos tan tranquilos. Menos mi cuerpo, que seguía protestando. La fiebre no bajaba y yo cada día estaba más hecho polvo, aunque ni por asomo se me pasara por la cabeza que pudiera tener algo grave.

El 23 de agosto fuimos a ver a un primo de mi madre, Miguel, al hospital de Murcia. Como yo quería estudiar medicina, me hacía mogollón de ilusión ver aquello desde dentro, y justo ahí me dio un mareo brutal. Aprovechamos para que me hicieran una analítica, pero la parte de bioquímica salió bien, y nadie sospechó nada. Luego supimos que el hemograma —que nadie llegó a mirar— ya estaba fatal.

Volvimos a Valencia y yo iba cuesta abajo y sin frenos, hasta que el sábado 28 de agosto me levanté, di dos pasos y caí de bruces al suelo. Mis padres se miraron y con un «se acabó» nos fuimos directos al Hospital General.

Aquí ya empiezo a hablar desde lo que me contaron, porque yo estaba tan débil que no me enteraba de casi nada.

Los médicos vieron la infección y dijeron que había que operar. Mientras tanto, me hicieron una analítica previa. Ahí estalló todo. La palabra «leucemia» la escucharon mis padres mucho antes de que alguien me la dijera a mí. Imaginaos su situación: vas por una supuesta infección aparentemente localizada y de repente te dicen que tu hijo tiene la sangre vacía de todo. Plaquetas por los suelos, glóbulos blancos y rojos casi inexistentes, defensas desaparecidas... Es lo que por lo visto se llama una analítica plana. Todo avanzado y gravísimo. Y un servidor, mientras tanto, desconectado del mundo, como si me hubiesen puesto en *pause*.

Los hematólogos indicaron que había que empezar con quimioterapia de manera urgente, pero que antes había que controlar la infección. Había que operar sí o sí. Pero —la primera en la frente— el primer cirujano se negó con un «no sobrevivirá a la operación». Así, tal como suena.

Total, que me trasladaron a La Fe, el hospital de referencia en Valencia para las leucemias tan graves y avanzadas. Arrancó un maratón de reconocimientos y ahí experimenté, por primera vez y de primera mano, que el dolor se puede convertir en tormento. ¡Vaya tela, qué daño! Tenía solo 15 años, pero entendí rápidamente que no me quedaba otra que aguantarme. Al final me ingresaron pasada la medianoche, después de un día eterno dando tumbos.

El domingo 29 de agosto entré en el quirófano. No tenía ni idea de lo mal que pintaba, pero por lo visto las posibilidades eran poquísimas. Aun así, salí vivito y coleando, y aprendí mi primera lección de supervivencia: nunca te rindas sin pelear, Jorge. Ni tú, ni los médicos, ni nadie. ¡A luchar!

Desde ese día se sucedieron las oraciones a lo grande. Primero la familia y los amigos; luego los conocidos, que avisaron a desconocidos, y al final acabó rezando por mí gente de todas partes. Fue una «supercadena» de cariño que sigo sin explicarme aún, pero que ya desde el comienzo me ayudó muchísimo.

Cuando desperté de la operación, solo daba las gracias: a todo el que entraba, a todo el que salía, a todo el que pasaba por allí. En mi cabeza resonaba un maravilloso: «Ya ha pasado, Jorge». Ignoraba lo que vendría después, porque mis padres habían esperado a que viniera Miguel —el primo médico de mi madre, el que me había visto en Murcia—, para que hablara conmigo. Miguel llegó, entró, se sentó y me explicó lo que tenía, con nombres y apellidos. Ese momento sí lo recuerdo perfectamente. ¡Cómo olvidarlo! Sentí por dentro una especie de silencio enorme, como si el tiempo se detuviera. No sé si me tembló la voz o no, pero la pregunta inevitable me salió sola:

—Entonces..., ¿me voy a morir?

* * *

Don Carlos Villar, el sacerdote que acompañó a Jorge especialmente en la etapa final de su vida, recordó en una homilía celebrada en su memoria unas palabras del pensador francés Gustave Thibon. Decía que la luz de las estrellas es hermosa, pero tan lejana que no nos permite leer un libro; para eso necesitamos una lámpara cercana. Y añadía que algo semejante ocurre con la luz de Dios: es inmensa y profunda, pero necesitamos la luz de los santos que, como lámparas próximas, iluminan y calientan el corazón, ayudándonos a caminar hacia el cielo.

Don Carlos aplicó esta reflexión a la vida de Jorge, señalando que, ya desde muy joven, había descubierto que la plenitud del amor —la santidad— no se encuentra en gestas heroicas ni en grandes mortificaciones, sino en la confianza total en Dios, en la certeza de que, en el día del encuentro definitivo, nos espera una mirada de ternura. Jorge vivió con la mirada puesta en el cielo, profundamente confiado en el amor de Dios.

Sus compañeros del colegio El Vedat destacan especialmente su capacidad para tratar a cada persona de manera única, adaptándose a la forma de ser de cada uno. «Sabía recordar al que tenía al lado su valía y, cuando era necesario, corregir, pero con un tacto y un cariño poco habituales», subraya uno de sus amigos.

Otro compañero resume así las tres características que, para él, más le definían: «Su profundo espíritu de servicio, su facilidad para darse a los demás y esa generosidad constante con la que lo compartía todo».

A la pregunta que le hicieron en una revista sobre si veía algo positivo en la enfermedad, Jorge respondió que lo primero que había descubierto era la cantidad de gente que le quería de verdad, personas dispuestas a hacer cualquier cosa por él. Decía que eso era profundamente reconfortante. Añadía también que estaba siendo testigo de cómo muchas personas a su alrededor estaban cambiando para bien, y que eso le daba una fuerza enorme para seguir luchando. Para él, esa experiencia confirmaba que el dolor, cuando tiene sentido y se vive con profundidad, posee una trascendencia que va mucho más allá de uno mismo.

## 2. Aprender a luchar

Para ser más exactos, fue el 30 de agosto. Ese día dio comienzo mi lucha de verdad. Yo seguía sin ser del todo consciente de lo que tenía encima, pero mi cuerpo sí lo sabía. Aquella misma jornada me hicieron de todo: punción lumbar, me colocaron la vía central para la medicación, me retiraron la gasa de la operación..., y daño, mucho daño otra vez. Desde entonces la rutina diaria sería la misma: limpiar, curar y mechar la herida. Cada día. Algo que no se olvida fácilmente, ni aunque le ponga uno muchas ganas. Los médicos, por su parte, seguían tratando de ponerle «apellidos» a mi leucemia, para saber exactamente contra qué estaban peleando y qué tratamiento me correspondía.

Recuerdo el drama de la ducha. Estaba en el pasillo, fuera de la habitación, y mis padres tenían que

33

agarrarme porque prácticamente no me sostenía en pie del mareo que llevaba. Como vivía en el agotamiento absoluto, llegar después a la habitación era peor que subir un puerto de montaña, pero al menos volvía limpito, cosa que agradecía mucho.

Fueron unos días muy angustiosos. Todo dependía de las pruebas genéticas, porque según salieran, el camino iría por un sitio o por otro. Obviamente, yo no tenía ni idea de lo que quería decir cada palabra, pero notaba cierto miedo en el ambiente. Como cuando llegas a tu casa y sabes que ha pasado algo malo solo al mirar las caras, y sin que nadie te diga nada.

Hacia el día 2 de septiembre llegaron los resultados del cromosoma Filadelfia[1]. Negativo. Una pequeña buena noticia dentro de lo que había, porque si hubiera sido positivo, me habría ido directo a un protocolo de quimioterapia para trasplante de médula. De momento se optaría por una quimio intensiva, pero sin trasplante. Ya habría tiempo para un doblete de eso, como contaré más adelante.

Mientras los médicos trataban de sanarme el cuerpo, de mi alma se ocupó don Javier Santos, que vino

---

[1] Anomalía genética específica que se observa en ciertos tipos de leucemia.

a verme nada más le permitieron entrar al hospital. Era el sacerdote de Dardo. Hacía menos de un año desde que yo había pedido mi admisión en el Opus Dei, pero todo aquello me había puesto delante del Señor de golpe y porrazo. Trasladé mis miedos a don Javier y pude confesarme. Por cierto, que reconozco que es un sacramento que se practica muy gustosamente cuando se está en situaciones como aquella. Me dio mucha paz.

Y llegó mi primera transfusión de sangre, la primera de cientos que me harían durante esos años. Esa misma tarde, sobre las cinco y media, me conectaron mi primer gotero de quimioterapia. Seguía muy débil y cualquier gesto, incluso incorporarme para lavarme un poco, me suponía un mundo. Cuando vi que empezaba a bajar la quimio, apreté con la mano una cruz que llevaba siempre conmigo, un gesto que se convertiría en una constante durante todas mis pruebas. Cuanto más dolorosas eran, con más fuerza la aferraba. A veces llegaba a hacerme daño adrede, clavándome las esquinas de la madera hasta dejarme cuatro marcas, pensando que, desviando el dolor o repartiéndolo, lo haría más soportable. Entre nosotros, no podía hablar casi porque estaba pasando mucho miedo.

Quise escribir al Padre —así llamamos al Prelado del Opus Dei—, que entonces era don Javier Echevarría. Mi madre empezó a recibir cientos de mensajes de gente que rezaba por mí, y eso que por entonces no existía WhatsApp y todo iba por SMS. Ella me leía muchos, cosa que me animaba bastante y me hacía sentir acompañado, muy acompañado, aunque siguiera sin entender del todo lo que estaba pasando.

Como iba a ser un sin parar, al día siguiente me hicieron mi primera intratecal. Si algo me acompañó durante diez años, fueron las dichosas intratecales... Muchas. Demasiadas. Es una prueba dura, porque te clavan una aguja de un tamaño considerable en la columna, sacan líquido cefalorraquídeo y luego te meten tres viales de quimioterapia. Además tiene que coincidir exactamente lo que quitan con lo que ponen, porque si no puedes liarla bien gorda a nivel neurológico. Y encima no te puedes mover ni un milímetro. Literalmente, ni uno. Si te mueves, puedes acabar paralítico. Eso me decían, ¡y yo con quince añitos! No os voy a mentir, estaba muy asustado. Pero aguanté, cruz en mano y rosario en la otra, apretando fuerte. Fue la primera vez que añadí a las pruebas el «pase de nombres» por mi cabeza: familia y amigos de los que me acordaba en ese momento, ofreciendo cada cosa que me dolía por ellos, mientras repetía mentalmente sus nombres. Como después tenía que quedarme completamente horizontal varias horas, tenía nombres para rato. Y encima, al acabar siempre me dejaban con un dolor de espalda de narices, así que podía repetir el pase de nombres bastantes veces.

Me acuerdo de que mis abuelos vinieron a verme y, aunque los pobres lo intentaron, creo que al final tuve que ser yo quien los animara a ellos. Trataban de ser fuertes, pero era duro, y yo, como buen nieto, también quería serlo por ellos. Ya sabéis que con los años uno se vuelve más sensible y ellos tenían que ver el sufrimiento en cascada. Empezando por el de ellos mismos, siguiendo por el de sus hijos y terminando en el de su nieto. Nos esforzamos para que se fueran despreocupados, pero el brillo de sus ojos les delataba.

Por fin tuve un respiro tecnológico y me conecté por Messenger con los del club Dardo. También aproveché para escribir una carta al Prelado. Arturo Peris y Paco me habían prometido que se la entregarían a alguien —ahora no recuerdo el nombre—, que se iba a Roma en breve y que se la haría llegar directamente al Padre. Yo estaba feliz con eso. Me sentía importante y me animaba pensar que, si él rezaba por mí, seguro que me escucharían desde muy arriba.

Por la tarde me conecté con mis hermanos. A pesar de cómo había ido la mañana, conseguimos echar unas buenas risas. Teníais que haberlos visto: eran unos críos. En el examen de conciencia de esa noche, apunté un nuevo propósito: que mi familia no viviera mi enfermedad como una tragedia 24/7.

Las visitas estaban muy restringidas. Tenía todo el sentido del mundo, porque yo estaba inmunodeprimido, sin defensas, y cualquier resfriado común podía comprometerme. Solo entraban médicos, enfermeras, sacerdotes y —muy pocas veces— amigos muy cercanos. Arturo estaba entre ellos, por amigo y para que yo no perdiera mis medios de formación. Sé que se habría comprendido un descanso con mis prácticas personales del plan de vida, pero no quería renunciar a eso, y mucho menos en ese momento.

El miércoles 8 de septiembre, la doctora Mª. José Cejalvo informó a mis padres de que ya estaban los resultados completos del ADN. Malas noticias. Había alteraciones cromosómicas múltiples en las células cancerígenas. Un cariotipo complejo, como lo llaman ellos, que empeoraba mucho el pronóstico y aumentaba la probabilidad de recaída. Me tocaba cambiar a un protocolo más fuerte.

Mis padres decidieron retrasar el momento de contármelo, pero yo enseguida noté que algo no iba bien. No sé si os ha pasado, pero cuando estás tan flojo, cualquier tensión se huele. Empecé a hacer preguntas y al final no tuvieron más remedio que decírmelo. Me hundí un buen rato, lógicamente, pero creo que al final remonté un poquito. Creo.

Lo que sí tuve claro desde ese momento es que prefería saber siempre la verdad. Les pedí a mis padres que no me ocultaran nada nunca. Prefería saberlo todo. Prefería estar preparado. Desde entonces, siempre fue así. Es posible que en alguna ocasión hubiera alguna mentira piadosa, pero en lo esencial nunca me volvieron a ocultar nada.

Los días siguientes me abandoné totalmente en las manos de Dios. No lo digo como frase hecha, realmente fue así. Confié. Y gracias a las oraciones de tanta gente que rezaba por mí, aunque tuve momentos muy duros, pude sonreír muchos otros, tal como me había propuesto.

La quimioterapia entraba a buen ritmo. Yo seguía flojísimo. Pasaba las noches enteras sudando sin parar y tenían que cambiarme las sábanas varias veces de madrugada. Dormía poco y descansaba menos. Dormía nada, y descansaba menos que nada. Eso sí, me encantaba charlar con el personal sanitario. No se escapaban ni los que entraban por la noche. Conseguí un buen surtido de estampas que iba dando a las enfermeras, pidiéndoles que rezaran por mí. Yo tenía mucha fe y quería que supieran que era eso lo que me sostenía. Seguramente, y viniendo de un crío, pensarían cualquier cosa, pero no quería desaprovechar esa oportunidad. También escribí a mis compañeros del colegio para que ofrecieran las misas del cole por mí. Les mentía diciéndoles que, aunque el hospital pudiera parecerles un rollo, yo estaba mejor que ellos, porque tenían que hacer exámenes y yo no. La verdad es que los estaba echando muchísimo de menos.

Conseguimos que dejaran a mi amigo Juanfro venir a verme. Me enseñó un truco de magia que luego pude repetir a mis padres y hermanos no sé cuántas veces. Un pequeño respiro entre tanta quimio. Luego rezamos el rosario juntos.

Un día, al levantarme a dar un pequeño paseo, me fallaron las piernas y me pegué un tortazo de los que marcan época. La cara de mi madre era un poema. Le intenté restar importancia y le dije que estaba hecho un viejo decrépito. Se partió de risa, y yo, feliz de intentar aliviar su carga, aunque seguro que adivinaba mis intenciones y hacía lo imposible para que yo pensara que lo conseguía. Me dolía más verla sufrir que todas las faenas que me hacían.

Intenté seguir el curso como pude. Muy poco, pero algo. Con un horario mínimo para no desconectarme del todo. Pedí que rezaran por la intercesión de don Álvaro[2], pero no para que me curara milagrosamente, sino para que, por favor, me subieran las defensas y pudiera estar el máximo tiempo posible en casa. Solo pedía eso. Estar en casa es un regalo muy infravalorado.

Los días en el hospital me pesaban cada vez más. Fiebres, bajadas de defensas, agotamiento extremo. No me quedaba más remedio que vivir el día a día como pudiera. No había otra forma.

Para animarme, mis padres no dejaban de leerme mensajes de gente de todas partes: «Los vecinos dicen que han rezado un rosario por ti»; «tales amigos han hecho una romería a Agres»; «Fulanito dice que está rezando más que en toda su vida»; «las enfermeras están sorprendidas de lo que sonríes».

2 Don Álvaro del Portillo (1914-1994), sacerdote y primer sucesor de san Josemaría Escrivá al frente del Opus Dei. Participó como perito en el Concilio Vaticano II. Fue beatificado en 2014.

Ni os imagináis lo que se agradece saber que hay gente que se acuerda de ti en esos momentos. Pensad que en esa planta del hospital había muertes con frecuencia. Cada pocos días te percatabas de ese silencio diferente que te hace intuir que una familia había recibido «el golpe». Era muy fuerte convivir con eso. Solo quedaba rezar y confiar. Todo aquello me estaba enseñando a vivir cada día como si fuera el único.

* * *

Trini, la madre de Jorge, recuerda que el primer día de tratamiento fue Álvaro, uno de sus mejores amigos, a verle. Álvaro tenía a su hermano también ingresado por otro tipo de cáncer. Cuando salió de la habitación, Jorge le dijo a su madre: «Qué pena me da Álvaro. Tiene un hermano con cáncer, y ahora también a su mejor amigo...».

Mi sensación es que desde el primer momento, y ante una enfermedad tan grave, Jorge decidió no encerrarse en su problema y salió de sí mismo. Se preocupó más por los demás que por él, a pesar de que el futuro era muy incierto y no sabía qué podía esperarle.

Sus padres recuerdan que, en esos primeros días, otro de sus mejores amigos, Josete, se plantaba en el hospital a diario. Sabía que casi con toda seguridad no le dejarían entrar, pero aun así iba. A ellos se les partía el alma al verlo, pero no podían hacer otra cosa porque las normas eran muy estrictas y no había excepciones. Más adelante sí consiguieron organizarle algunas visitas, aunque no sin dificultades. Eran muchos los amigos que querían ver a Jorge, pocos los que podían entrar. El tiempo era reducido y su estado no siempre se lo permitía.

Por cierto, fue Jorge quien se aficionó primero a la magia y quien contagió esa pasión a su hermano Julio, hoy mago reconocido con cientos de miles de seguidores en redes sociales. Al ser preguntado por este tema en una entrevista, Julio respondió: «Jorge no solo me descubrió el mundo de la magia, sino el verdadero significado de la palabra "vivir". Vivir de tal manera que, cuando nos reclamen, aún sigamos transmitiendo vida».

# 3. «Estoy de lujo»

El viernes 8 de octubre de 2010, después de 42 días ingresado, me dieron mi primera alta. ¡Por fin había terminado el primer ciclo de tratamiento! Estaba tan flojo que, al intentar levantarme, me mareé como una peonza, pero ya os podéis imaginar mi alegría...

Llegué a casa como si me llevaran a hombros. María José, la chica que trabajaba en casa desde que tengo uso de razón —«la Teta», como la llamábamos con cariño—, había preparado una pancarta de bienvenida con mis hermanos. Una pasada.

Siempre he dicho que por un cocido de «la Teta» era capaz de cualquier cosa. Y creo que no exagero, pero si había algo por lo que mataría, era por su coca de almendras. Literalmente soñaba con ella, y sabed que la humanidad se divide entre los que han probado esa coca de almendras... y los que aún no. Si estáis leyendo esto y pertenecéis al segundo grupo, me da que tenéis un deber pendiente.

La euforia de la llegada no duró mucho, porque al día siguiente tuve fiebre y me tocó volver a Urgencias. Gracias a Dios, aquello quedó en nada y no me ingresaron, por lo que pude volver a una vida más normal. Me parecía alucinante poder estar juntos, comer un caldo de cocido, ver una película en familia... Hasta entonces nunca me había planteado que la vida normal, por así decirlo, pudiera ser un regalo tan grande.

Una semana después, el sábado 16 de octubre, era la investidura de don Jorge Molinero como párroco de San Josemaría. Don Jorge es un muy buen amigo de la familia que ya iréis conociendo a lo largo del libro y que hizo mucho por mí. De entrada, porque pedía oraciones por mí durante casi todas las misas que celebraba. Y le debían escuchar, porque yo lo notaba. Bueno, pues ese día me levanté fatal, con un fiebrón que no conseguía bajar. Lo intenté con un buen chute de antibióticos y reviví un poco. Pensé que podría ir a la parroquia y me aferré a esa posibilidad, porque sabía lo importante que era ese día para don Jorge. Al final, la fiebre subió otra vez y no pudo ser. No llegué a ir a la misa, y me quedé con la espina clavada de no poder acompañarlo, aunque lo hice mentalmente en oración desde mi cama.

Al día siguiente vino por primera vez Alberto Grau, un profesor de El Vedat, a darme clase. No tenía fuerzas ni para pensar, pero ver que alguien venía a ayudarme a seguir los estudios me animó y me recordó que seguía siendo yo, aunque estuviera en modo *batería off*.

Ese mismo día tuvimos que volver a Urgencias porque tenía una tos horrible que no mejoraba. Además, tenía unas puñeteras llagas en la espalda, provocadas por la medicación, que había que curar. ¡Ah!, y las transaminasas muy altas. Nos dijeron que, si no bajaban, no podrían empezar el segundo ciclo de quimio, y así fue. Ese retraso aumentaba el riesgo de recaída, así que otra vez incertidumbre. Otra vez esperar.

Cuando tenía un poquito de fuerzas, venían amigos a verme. Eso sí que sí me levantaba más que cualquier corticoide. Por fin podía soltar mi grito de guerra muchos días: «¡Estoy de lujo!». Y ver a mi padre sonreír cuando se lo repetía: «¡Estoy de lujo, papá!». Eso me hacía sentir que al menos había un poco de justicia con los que más lloraban por verme así. Justicia en forma de esperanza.

Os cuento esto porque mucha gente cree que aguantar es heroico, pero no, no es heroico, es humano. Yo sonreía porque, si la enfermedad iba a quedarse conmigo por un tiempo largo, al menos quería que estuviera rodeada de un poco de luz y de esperanza.

Para el segundo ciclo tenían que ponerme un Hickman, un catéter central que se coloca con cirugía. Ya me habían puesto antes una subclavia de urgencia, pero esa era temporal. El Hickman, en cambio, era el programa largo, y dolía lo suyo. Perdón por parecer un «pupas» al contar todas estas cosas. Quizá lo era, pero un pupas peleón. Ya sabéis: ¡Estaba de lujoooo!

*** 

Si hubo algo que descolocó a todo el mundo desde el primer momento fue que Jorge no perdía la sonrisa. Ni cuando llegaron las noticias duras, ni cuando el cuerpo empezó a pasar factura, ni siquiera cuando, pasados los años, el espejo le devolvía una imagen deprimente de su estado. No hay testimonio que me haya llegado que no empiece haciendo referencia a que la alegría era su manera de vivir.

Su madre escribió en sus cuadernos al comienzo de la enfermedad: «La sonrisa de mi hijo no puede cambiar; es alegre y contagiosa, incluso en la enfermedad.

Gracias, Señor, porque nadie habría imaginado que pasaríamos por esto y, además, nos haría mejores. Duele ver a un hijo así, pero dolería mucho más sin la fuerza que Tú nos mandas. Señor, que aceptemos tu voluntad, pero que se cure Jorge».

Trini no apuntó eso por una sonrisa momentánea. Estaba claro que esa alegría de Jorge era sostenida y prolongada por algo más grande que él mismo. La confianza en Dios no le negaría el sufrimiento a su hijo, pero haría que él se negara a vivir todo aquello sin sentido.

Jorge se reía de sí mismo, del hospital y de las circunstancias. Cuando le preguntaron en una entrevista, medio en broma, si le había gustado raparse la cabeza, no dudó en responder riéndose, hablando de fotos chistosas y de sombreros, como si todo aquello formara parte de una aventura inesperada. Lo veremos luego, pero cuando hablaba del hospital, hablaba de un «resort». Su habitación era «la suite» y las pruebas médicas, «un spa». Desde el principio decidió no concederle a la enfermedad ni siquiera el poder de amargarle el lenguaje.

A todos los que se unieron a las oraciones por él acabó llamándolos *Smile Soldiers*, como hemos mencionado con anterioridad. Más adelante veremos que compartía con ellos su día a día desde su ya mítica cuenta de Twitter *Aislado En Mi Suite* (@SuiteDelResort) cerrando los mensajes con un FDMS —Feliz Día Mundial de la Sonrisa—, recordándonos a todos los que le seguíamos que siempre había motivos para agradecer.

# 4. Un año en la montaña rusa (2011)

El 9 de noviembre ingresé de nuevo para otro ciclo de quimioterapia. En mi tipo de leucemia, los tratamientos de esta etapa eran muy fuertes, así que tocaba estar ingresado sí o sí. Empecé con quimio intratecal —otra vez la aguja en la columna—, además de los goteros habituales. Noches duras y días agotadores, intentando encontrar el equilibrio entre el cansancio extremo y la obligación que me impuse de seguir adelante como si nada.

Un par de días después me dieron el alta, pero no llegué a casa muy bien que digamos. Estaba muy mareado y casi sin fuerzas, de modo que el 15 de noviembre ya estaba otra vez en Urgencias porque no mejoraba nada. Hasta el 17 estuve ingresado y con mi primera dieta de batidos. Luego unos días en casa, y el 22 otra vez en el hospital de día para una nueva dosis de quimio. Tendría que ser así y volver cada semana. Estaba programado de tal manera que empezabas con tratamientos intensísimos, y justo cuando parecía que empezabas a remontar, te caía encima la siguiente tanda. Era como cuando de niño intentabas subir la escalera mecánica que baja en El Corte Inglés. Igual.

Los días que podía estar en casa, si me veía con un poco de fuerzas, venían profesores a darme clase, y así intentaba llevar una vida lo más normal posible. La enfermedad no era excusa para no sacar el curso de una manera decente. Y que conste que lo saqué. Con mucho esfuerzo y a trompicones, pero lo saqué.

Allá por el 13 de diciembre de 2010, cuando se cumplía el +35 de ese segundo ciclo, aunque estaba casi sin defensas, me dieron el alta para que pudiera descansar un poco en casa. Se apiadaron porque había pasado una noche infernal, cortesía de un medicamento que me provocó un meningismo químico. Una rigidez brutal del cuello, muy parecido a una meningitis. Superdesagradable, aunque me vino bien para adelantar y ampliar los días que me iban a dejar pasar en casa por Navidades.

De esos días os puedo contar que la noche anterior a Nochebuena fui a la cena de gala de Dardo. Tenía unas décimas de fiebre y estaba bastante regular, pero me emperré en ir. Me puse mi traje y me planté allí. No os podéis imaginar lo que necesitaba ver a mis amigos después del *annus horribilis* que llevaba.

Al día siguiente celebramos Nochebuena en casa. Aguanté hasta tarde y hasta les hice un mini espectáculo de magia. Sé que son tonterías, pero yo las necesitaba de vez en cuando y muy especialmente aquel año en el que, por intensísimo, me había resultado casi imposible sacar esa parte de mí. Estaba feliz de poder pasar la Navidad en casa. Durante esos días pude darme cuenta de la muchísima gente que rezaba por mí: vecinos, amigos del pueblo, gente que ni siquiera conocía. Parecía que media España estaba pendiente de mi médula.

Antes de Reyes se acabó el descanso. Tocaba ingresar para otro ciclo intensivo de metotrexato, una quimio especialmente dura y tóxica. Tenía que ser hospitalaria. Me costó volver lo que no está escrito, porque me encontraba algo mejor y sabía que esa quimio me iba a dejar por los suelos otra vez, aunque también sabía que era lo que tocaba. Un amigo mío, que siempre iba de sabio aunque tuviera mi edad, me había soltado durante esas fiestas una frase que se me había quedado grabada: «Si tiene arreglo, ¿para qué te quejas? Y si no lo tiene, ¿para qué te quejas?».

Al principio me había hecho gracia porque parecía la típica frase para poner en una taza, pero luego la medité y comprendí que llevaba toda la razón.

Estuve ingresado una semana, hasta que terminé el segundo ciclo (consolidación 1). Con casi 15 kilos más en mi cuerpo, cortesía de los corticoides, no os diré lo que pensaba cuando salía de la ducha y me miraba en el espejo... Aunque reconozco que luego me partía de risa por verme tan gordito. Pasé unos días en casa, entre consultas y controles, y enseguida volví para el siguiente ciclo (consolidación 2).

La rueda siguió girando así durante todo el 2011: hospital, casa, hospital, casa..., como un carrusel que nunca se detenía. A veces conseguía encadenar un par de días en casa, pero la mayoría de mis mañanas acababan en el hospital, ya fuera para el tratamiento o porque algo se complicaba. Un año enterito de montaña rusa en el que nunca sabías si te iba a tocar la subida lenta o la bajada en picado.

Para mi desgracia, las visitas estaban contadísimas. Cuando las defensas estaban por los suelos —que era casi siempre— nadie podía entrar. Teníamos que ingeniárnoslas para ver a mis amigos por videollamadas, mensajes o conversaciones desde la puerta con ellos bien lejos. Una faena.

La casa de mis padres está en una urbanización de Picassent, en un chalet al que se entra por un portón grande y metálico, desde el que luego hay que subir unas escaleras hasta la puerta. Muchas veces hablaba yo desde arriba, y mis amigos se quedaban abajo, para evitar contactos. Y cuando alguno conseguía entrar a casa, era con mascarilla, manos desinfectadas y mi madre detrás vigilando cada gesto. Si en la pandemia la gente se volvió experta en desinfectar, mi madre ya era cinturón negro antes de que nadie supiera lo que era el coronavirus.

Pero no todo fue malo ese año, aunque la frase suene a chiste después del drama que os estoy contando. Quitando una reacción gravísima a una quimio llamada L-Asa, de la que me salvó la rapidez de una enfermera; una artritis que me dejó las piernas inutilizadas; y una flebitis química que hizo que caminar fuera un deporte de riesgo, el año no estuvo tan mal. De verdad lo digo y aparto la ironía: hubo momentos muy buenos. Recuerdo que en febrero, apoyándome más en la ilusión que en mis piernas, pude visitar un asilo en Torrent con mis amigos Javier Lázaro y Christian, y en marzo regresé a ratos al colegio. Fue como volver a respirar por una ventana que llevaba meses cerrada.

Ah, que no se me olvide contar que ese año me confirmé. Y además pude hacerlo con mis amigos, lo que para mí fue brutal. Es verdad que no asistí a la fiesta que se organizó después porque el cuerpo no daba para tanto, pero sí que lo celebramos en casa a lo grande, y con eso me bastó.

Por entonces yo seguía queriendo estudiar Medicina, aunque con la marcha que llevaba en los estudios, no sé cómo iba a sacar la nota. Pero, y todo hay que decirlo, en abril sucedió algo impensable: saqué la mejor nota de Química. Ni yo me lo creía, ¡en Química!

Y para que se vea que cuando he dicho que no todo el año fue malo iba en serio, a mediados llegó el regalazo del cielo. Tal cual. Del 20 al 28 de junio de 2011, mis padres nos regalaron un viaje a Roma. Una locura. Una bendita locura. Seguía con quimio semanal, pero conseguimos viajar y ver al Papa Benedicto XVI en primera fila. Yo, que no tenía dos días buenos seguidos, no se sabe cómo, pero aguanté el viaje. Mi familia siempre cuenta que allí pasaron muchos pequeños milagros.

Y claro, después del subidón de Roma, me vine arriba. El 19 de agosto de 2011 me lancé a ir a Cuatro Vientos, a la JMJ de Madrid. Eso sí, me emocioné más de la cuenta y Protección Civil tuvo que sacarme y llevarme a casa de unos amigos de la familia para que pudiera descansar. Eso no me salió tan bien, que digamos. Probablemente me pasé de listo, pero incluso así, yo estaba feliz. ¡Qué narices! Era la única forma que tenía de decirle a la vida que pensaba seguir jugando la partida en esa guerra, aunque no pudiera ganar todas las batallas.

Y casi sin darme cuenta, llegó el primer aniversario desde el diagnóstico. Un año entero durísimo, interminable, pero también lleno de momentos que no cambiaría por nada.

* * *

Con el conjunto de testimonios que transcribo a continuación os quiero enseñar algo que Jorge jamás habría dicho de sí mismo. Él narraba su historia desde dentro, pero quienes lo rodeaban en aquellos días veían mucho más: una fortaleza que él disfrazaba de normalidad y una capacidad casi sobrenatural de pensar en los demás cuando a él se le caía el mundo encima.

Mientras la enfermedad avanzaba y retrocedía de una manera caprichosa, los que estaban con él tenían la certeza de que Jorge no estaba luchando solo.

Absolutamente todos creían que recibía una gracia especial de Arriba. Alguien me dijo que su dolor no actuaba nunca como un muro para los demás, sino como un puente. Y seguro que por esa manera tan suya de sufrir sin encerrarse, todas estas personas hablan de él con esa admiración.

Un paciente del hospital cuenta de aquellos ingresos: «Jorge era de esos chicos que no dejaban indiferente a nadie. Yo era su compañero de habitación y tenía ya mis años, pero me impresionaba verlo sonreír incluso en los peores días. Ese chaval tenía un corazón distinto. Era maduro, alegre... y tenía una risa que desarmaba a cualquiera».

Su madre, por su parte, recuerda: «Jorge no se quejaba nunca. Por eso aquel 12 de diciembre de 2010 se me quedó grabado. Me miró y me dijo, con una sinceridad que me rompió por dentro: "Mamá, lo estoy pasando muy mal... Me noto morirme". Fue la primera vez que exteriorizó algo así. Y aun así, unos minutos después ya estaba sonriendo otra vez. No sé cómo lo hacía. Era su manera de ofrecérselo todo al Señor».

Su tía Amparo dice de aquellos días: «Lo que más me impresionaba de él era que, incluso destrozado, pensaba antes en los demás. Un día me dijo que estaba bien, pero enseguida añadió: "Estoy preocupado por mamá". Yo sabía que estaba sufriendo muchísimo, pero su mayor dolor era verla sufrir a ella. Ese era Jorge: más pendiente de nuestro ánimo que del suyo».

Mario, amigo suyo del club: «Un día en Dardo, Jorge estaba agotado y se tumbó un momento en el sofá. No quería manchar nada porque se encontraba fatal, y puso varios periódicos debajo para no dejar rastro. Era un detalle pequeño, pero dice tanto de él... Hasta en el dolor pensaba en no molestar a nadie».

# 5. Intentarlo... siempre

Cuando llegó el otoño de 2011, ya tenía bien aprendido que el cambio de estación no traería treguas.

A finales de septiembre, mi hermano Julio se fue a Irlanda a cursar unos meses allí. Aunque obviamente lo eché de menos, me alegré mucho por él. Había que potenciar esa cabeza, y punto.

En octubre volvieron las sesiones de quimio, una detrás de otra, casi sin margen para respirar. Mi cuerpo, cómo no, a trompicones, y mi estado de ánimo, de la mano con él.

Creo que fruto de eso, un día tuve una con mi padre. No fue una gran bronca en plan escena dramática, pero me dejó muy tocado. Me dolió porque sabía que él también estaba cansado y porque, cuando estás como estaba yo, juegas con ventaja en las discusiones, y también a la hora de herir. Me fui a la cama muy fastidiado, con sensación de culpa por haber hecho daño a quien más me quería. Fatal, pensé, debía haber cuidado más el cuarto mandamiento. Al día siguiente le pedí perdón y, aunque él ya me había perdonado, tengo claro que no debía haber esperado tanto para decírselo. No hace falta que os dé el consejo de no esperar, o mejor dicho, de no iros a dormir sin hacer las paces.

Como no daba pie con bola, intenté que me cambiaran la quimio al viernes, pensando que quizá así el fin de semana sería algo más llevadero. Dicho y hecho. Ese viernes nos fuimos a cenar a un sitio de hamburguesas que nos encantaba, pero tuvimos que dar la vuelta nada más entrar, porque «el señorito» volvía a encontrarse mal. Era muy frustrante saberse la causa del fastidio de los planes familiares, porque encima luego llegaba a casa y me iba directo a la cama, donde caía a plomo hasta el día siguiente... Tendrían que haberse ido sin mí más veces.

Al poco tiempo de aquello empezaron los exámenes. Me apetecía cero tener que estudiar. Me acompañaba como nuevo síntoma un hormigueo raro por todo el cuerpo. También una reacción a saber qué medicación. Yo lo intenté y, contra todo pronóstico —y todavía no sé muy bien cómo—, aprobé todo y aún saqué un 9 en Biología y un 9,5 en Religión. No sé si fueron más flexibles conmigo o no, pero me vino genial porque esas notas me hicieron sentir que seguía en la carrera del curso, aunque fuera cojeando.

Esto es anecdótico, pero lo escribo para cuando lo lean mis padres, que por esas fechas celebraron nada más y nada menos que diecinueve años de casados. ¡Qué orgulloso me sentía!

A finales de octubre se fueron los dos a Dublín a ver a Julio. Yo me quedé con mi hermano Ángel en casa con mis abuelos maternos. Falté muchos días al colegio porque no me encontraba bien. Aquellos días no me quitaba de la cabeza a mi madre y los desbarajustes de mi cuerpo los ofrecí especialmente por ella. Se le notaba que llevaba dentro una preocupación extra que no era yo. Algo relacionado con una persona muy cercana a ella que debía estar pasando por un momento personal muy malo. Estaba claro que yo no podía arreglarlo, pero sí podía ofrecer cosas y apuntarlo en mi lista. Mi madre es de esas personas que sufren mucho más por los problemas de los demás que por los suyos propios, y mira que conmigo ya llevaba una buena mochila…

Diciembre se me pasó muy rápido. Los últimos días del mes me animé a ir a un curso de retiro en Cataluña para cerrar el año como Dios manda. No sé si habéis hecho alguno, pero necesitaba ese silencio. Lo malo es que el cuerpo volvió a decir basta y Churro, otro buen amigo de Dardo, tuvo que llevarme de vuelta a Valencia con fiebre.

Al llegar a casa, el primo Miguel fue claro: antibióticos a saco y aplazar la quimio. Luego mis padres llamaron al hospital y David, mi hematólogo, dijo que ni hablar, que había que ponerla.

Aquí tengo que parar un segundo para presentaros a Ana, una médico muy amiga de la familia, y también vecina. La típica buena persona que no tiene que preguntar qué hace falta, porque se da cuenta y lo hace. Le agradezco millones que estuviera tan pendiente de mí durante toda la enfermedad, y que viniera a casa tantas veces para pincharme, siempre siendo un apoyo enorme para mis padres y para mí. Ella fue la que —una vez más— vino a casa y, como había dicho mi hematólogo, me puso la quimio. ¿Quién acertó? Seguramente Miguel, porque el 31 de diciembre me levanté fatal. Solo me quedaba rezar pidiendo un pequeño respiro. Me tomé de todo y volví a acostarme. Cuando me desperté, aunque no me encontraba bien, me fui a Dardo y me quedé a dormir allí. No era cabezonería, lo prometo. Tenía la necesidad imperiosa de pasar un rato con mis amigos para acabar el año.

El nuevo año empezó con una punción medular. La primera del año. La ofrecí por los frutos del retiro al que se iban mi padre y mi abuelo materno. Vale, también por encontrarme bien y poder ir con todos mis amigos a una convivencia en Castalla. Cuando se acercaba la fecha me dijeron que no contara con ello, pero al final, cuando me iba a comer el no con patatas, mejoré algo y pude ir. De hecho, volví el día 22 infinitamente mejor que como me fui. Atentos todos, que incluso jugué algunos partidos de pádel. Todavía hoy me sorprende escribir esto.

Ya en febrero fuimos a Navarra. Recuerdo decirle a mi madre que me gustaría estudiar en Pamplona, aunque no era un plan cerrado. Digamos que era más bien un deseo dicho en voz alta, sin saber muy bien qué podría pasar. Sinceramente, creo que pensaron que si tenía esa ventana abierta, tendría menos estrés en los estudios. En cualquier caso, la decisión se tomaría en el futuro. Y así seguía mi vida.

¿Intentarlo? Siempre.

\* \* \*

Para Jorge, la amistad tenía un significado muy concreto, y lo dijo sin rodeos en una entrevista para la revista *Res Pública*: «La amistad es dar sin esperar nada a cambio. En el momento en que esperas algo de vuelta, ya no es amistad. Tú te das por entero a alguien porque le quieres tal como es —no a pesar de cómo es—, y eso implica también ayudarle a mejorar sus defectos, aunque cueste decirlos, estar cuando lo necesita y acompañarle en los momentos difíciles».

Esa forma de entender la amistad le llevaba a una conclusión clara: «Si no eliges a tus amigos por lo que te dan, entonces, en el fondo, todos los que están a tu alrededor están llamados a ser amigos en ese sentido: personas a las que te das por completo, sin condiciones. Luego, lógicamente, hay algunos más cercanos que otros. A unos los quieres especialmente por lo que habéis vivido juntos; a otros porque son un referente para ti y, estando cerca de ellos, te conviertes en alguien mejor. Pero lo fundamental no cambia: darse al otro sin esperar nada a cambio».

Y poco después añadía una conclusión: «Eso, en el fondo, es amor. Y cuando alguien se siente querido de verdad, tiende a querer. Al final siempre acabas recibiendo algo, pero no es por eso por lo que lo haces».

Esa manera de vivir la amistad estaba muy presente en su día a día y también en sus cuadernos personales. Le importaba especialmente que sus amigos estuvieran cerca de Dios, y encontré una anotación en uno de sus momentos más delicados que me impresionó especialmente: «Estoy viendo cómo mucha gente y amigos que hacía mucho que no practicaban nada están rezando, o al menos han tenido un cambio en su vida».

En un sentido parecido respondía a la pregunta *¿Crees que es necesaria la fe para encontrar sentido al dolor?*: «Pues sinceramente, creo que sí. Sin la fe puedes verlo como una forma de superación o de mejora personal. Si crees, tienes la certeza de que ese dolor trasciende hacia algo o alguien, así que puedes aprovecharlo y ofrecerlo por la gente a la que quieres. Esto me ayuda a ver que Dios realmente existe: veo cambios alucinantes en amigos y personas conocidas que de otra forma dudo mucho que pudieran ocurrir».

Por último, os diré que he preguntado a muchas personas acerca de la forma en que trataba a sus amigos. Sorprendentemente, todas las respuestas coinciden y son muy parecidas a la que me envió su hermano Ángel por escrito, que aquí os copio: «En Jorge convivían dos rasgos que no siempre van juntos: por un lado, un gran atrevimiento y una ausencia casi total de respetos humanos para decirte siempre lo que consideraba que tenías que escuchar, aunque no te apeteciera; y, por otro, una enorme delicadeza para dejar claro que la decisión final siempre era tuya. Esa forma suya de hablar, tan firme como respetuosa, hacía que uno se sintiera acompañado y recibiera buenos consejos sin sentirse nunca presionado».

También recibió este mensaje de WhatsApp de Jorge: «Si alguna vez pasa algo que no te gusta, me llamas y lo hablamos antes para ver qué hacer y qué decir. El día que quieras y a la hora que quieras. Para eso o para cualquier otra cosa de la que quieras hablar. Te quiero infinito, disfruta muchísimo, te echaré muchísimo de menos».

Fue curioso comprobar que todos utilizaran expresiones muy similares para responderme, y que la inmensa mayoría coincidiera en destacar precisamente eso: su ausencia de respetos humanos. Por eso sentía que debía compartirlo.

¿Mi conclusión? La asertividad era otra cualidad innata en él.

# 6. Vivir mientras tanto (2012)

A comienzos de marzo intenté una pequeña rebelión: le pedí al médico que esa semana no me pusieran la quimio, porque tenía exámenes y me veía justito. Me escuchó, pero me dijo que no. Que solo me la cambiaría por cosas realmente importantes, y que eso no lo era.

Me costó mucho entenderlo. Creo que saqué mi lado más inmaduro, pero no hubo manera. Así que quimio al canto, y otra vez hecho un cromo.

Curiosidades de la vida, me fui a una convivencia de estudio y otra vez volví mucho mejor de como me había ido. A veces me pasaba eso. La quimio de esa semana me la pinchó Arturo, de Dardo. Yo ya tenía más que asumida mi nueva normalidad, un término que a vosotros os sería familiar al poco de irme.

Llegaron las Fallas y, con el corazón en la mano, me lo pasé bomba. Estaba mucho más animado. Me quedé a dormir en Valencia varios días, en casa de mi abuela, con algunos amigos. Unos cuantos días de pólvora, risas y poca cabeza. Justo lo que necesitaba.

Pasaron los meses del 2012 y terminé el curso con buenas expectativas para las notas. Podía darme con un canto en los dientes, porque me había costado lo inimaginable sentarme delante de los apuntes, especialmente durante algunos periodos. Además me agobiaba bastante pensar que la nota media para entrar en Medicina no hacía más que subir cada año.

El 24 de junio de 2012 nos marcamos un viaje familiar a Segovia de los buenos. Con parada-homenaje de ida en «El Vasco», y ya en Segovia, un cochinillo en José María, como mandan los cánones. El hotel me flipaba, desde la habitación se veía el acueducto. Igual Julio no guarda tan buen recuerdo porque le robaron el iPod... No podía ser todo perfecto.

Fuimos a La Granja de San Ildefonso y vimos juntos la semifinal de la Eurocopa, España contra Portugal. Los eliminamos en los penaltis y nos volvimos locos. El viaje fue una pasada. La guinda del curso. Encima llegaron las notas al volver. Había sacado siete sobresalientes, dos de ellos con mención de honor. ¡Genial para la media!

¿El verano? Fue muy bien. A finales de agosto, Julio volvió a irse, esta vez a Chicago. Además, coincidió con que Ángel se fue a Irlanda a mediados de septiembre, y Julio no volvía hasta el 19 de octubre. Un mes entero los dos fuera. Algo más para ofrecer, pero esos dos tenían que volar alto.

Estaba orgullosísimo de mis hermanos. Ese verano, Julio era un crío y ya empezaba a hablarme de montar un negocio de magia vendiendo trucos que él mismo se inventaba. Tendríais que ver cómo le brillaban los ojos cuando me lo contaba. Y con Ángel estaba naciendo una complicidad especial que nos unió mucho más. Las edades ya se iban igualando y no podía chincharle como cuando era niño. Él se acordará de las gincanas que montábamos en sus cumpleaños, o del circo con la canción *Soy una taza* que le dediqué en su comunión. En serio, los dos unos fuera de serie, los dos.

A principios de octubre volví a encontrarme fatal. Fue terrible. Vi a mi madre otra vez preocupada por su hermana y lo ofrecí todo por mi tía Pirula —así llamaba yo a mi tía Amparo—. Ya intuía de qué iba todo, pero prefería no preguntar y respetar su intimidad. Tampoco creo que me lo hubieran contado. Adoraba a mi tía. Además, yo era el padrino de su hijo Marcos. Se me caía la baba cada vez que lo veía.

Las Navidades, guay. Pero claro, faltaba el gripazo reglamentario en esta historia, y llegó en enero. Una semana entera en la cama, y el preludio de otro año intensito, pero bien. Seguíamos cumpliendo, y de paso, callando bocas a los más pesimistas.

La que sí que empezaba a preocuparme de verdad era mi madre. Se le estaban juntando muchas cosas, aunque lo mantenía en secreto. Un día, afinando el oído, me enteré de que había tenido un ataque de ansiedad por temas del trabajo. «Señor», recé, «que ya tiene bastante esta mujer con todo lo que lleva encima. Dale un respiro, por favor».

Y entonces miraba a mi padre. Cómo la sostenía. Cómo se turnaban sin decir nada. Veinte años de convivencia bien vivida hacen eso: cuando uno flojea, el otro se convierte en apoyo. Ver un amor así tan de cerca era un aprendizaje continuo.

* * *

Hemos podido comprobar, una y otra vez, que una de las constantes en la vida de Jorge era la atención a los demás. Siempre estaba pensando en el otro antes que en sí mismo, incluso cuando su enfermedad habría podido —o debido— centrar toda su atención.

Al hilo de esta virtud tan palpable en su vida, Juan Sancho, profesor del colegio El Vedat, recordó a la familia una conversación que aún no ha olvidado. Un día, Jorge fue a hablar con él para preguntarle por un antiguo compañero del que había perdido la pista tras entrar en la universidad. Le habían llegado rumores de que había dejado la carrera y estaba atravesando un momento muy bajo. Había intentado localizarlo sin éxito, hasta que recordó que aquel chico era muy amigo de su hijo. Pensó que quizá, por esa vía, podría encontrarlo.

—¿Y por qué tienes tanto interés en hablar con él? —le preguntó el profesor.

La respuesta de Jorge lo dice todo:

—Mira, Juan. Hay muchas probabilidades de que yo me muera pronto. Creo que él está arruinando su vida. Quiero hablar con él y decirle, aunque sea una vez antes de morirme: Mírame. A mí me queda poco, pero tú tienes toda la vida por delante, una vida maravillosa. Ojalá tuviera yo el tiempo que tú tienes para hacer todo lo que me gustaría hacer. Tú puedes hacerlo. Aprovecha tu vida.

Los que lo conocisteis sabéis que no hablaba desde la pena ni, por descontado, desde la superioridad moral. Era una preocupación sincera, auténtica.

Su padre me recordó algo muy parecido. En una conversación llegó a decirle que todo lo que estaba pasando valía la pena si servía para acercar, aunque fuera solo a una sola persona, a Dios.

Y ese mismo cuidado también se colaba en sus pequeños gestos. María Ruiz Arana habla en un escrito de los detalles que tenía Jorge con la administración de la Obra[3] cuando acudía a convivencias y retiros.

Pero hay escenas aún más de ir por casa. Un día, su abuela, la madre de Trini, llevó una caja de bombones al hospital. Jorge pidió que se los dieran a Manuela, la enfermera, para que los repartiera entre el personal.

El personal del hospital coincide en lo mismo: siempre estaba atento a quienes lo cuidaban, a quienes entraban y salían de su habitación. Médicos, enfermeras, personal de la limpieza. Los conocía a todos por su nombre y se interesaba por ellos. También coinciden en que parecía evitar convertirse en el centro.

Él mismo se examinaba con crudeza. En sus anotaciones aparece una pregunta que dice mucho si la meditas: «He estado pendiente de la gente, pero ¿solo

---

3 Forma abreviada con la que se designa habitualmente al Opus Dei. ref. al latín «Obra de Dios».

porque estaba a gusto?». Y en otro momento escribe: «El Señor me quiere con locura. Hoy me han aceptado en Barcelona para el ensayo y aun así no me he vuelto loco de amor... Sigo teniendo que pensar más en los demás».

Zoimer Quintero, también en un testimonio escrito, cuenta cómo lo conoció en una tertulia a la que le invitaron a hablar. Jorge tenía la boca muy deteriorada, apenas podía comer, pero no se quejaba. Aquella tarde, casi sin darse cuenta, se creó un grupo de amigos que después siguieron viéndose con frecuencia. Cuando le preguntaron cómo lograba conectar así con la gente, respondió con una frase que para mí es muy reveladora: «He decidido quererles antes de venir».

Quizá donde esta manera de vivir se percibe con más claridad es en la relación con sus hermanos. Al preguntarle a Ángel qué valora hoy de Jorge como hermano —algo que probablemente entonces, siendo más pequeños, no veía—, su respuesta es la siguiente: «Con el paso del tiempo he comprendido el enorme esfuerzo que hacía Jorge por mantener su enfermedad en un segundo plano, para que no condicionara la vida de los demás más de lo imprescindible. Resulta paradójico, porque Jorge solía ocupar un lugar central en cualquier conversación: era cercano, gracioso, atento. Pero su enfermedad no. Esa siempre quedaba en un segundo o incluso tercer plano».

Cuando más adelante Ángel se planteó irse a estudiar a la Universidad de Navarra, lo natural habría sido pedirle que se quedara cerca, sabiendo que podían ser sus últimos meses. Sin embargo, Jorge tuvo varias conversaciones con él para animarle a marcharse y hacer lo que fuera mejor para su futuro, aun sabiendo que lo vería irse, pero quizá volver no.

Al revisar conversaciones de WhatsApp de aquellos meses, Ángel ha redescubierto pequeños mensajes que vienen bastante a cuento con lo que trato de explicar. Uno de ellos, en unas Navidades, decía simplemente: «¿Te echas unos *Call of Duty* antes de dormir? Si estás con algo no hace falta, eh». Ahora entiende que esa era su forma de decir que quizá se sentía un poco solo. Otro mensaje, también de esos últimos meses, decía: «Si puedes hablar un ratillo antes de cenar, me avisas; si no, ya a las 22:30. Estoy un poco cansado, así que si puedes un poquito antes, mejor, pero cero presiones; si no, me pongo una serie y arreando». Ese era Jorge, siempre cuidando de no cargar a nadie y evitando generar obligación.

Nunca se quejó delante de él. Si alguna vez lo hizo, Ángel asegura que él, que era su hermano pequeño, no lo vio. Y que ahora sabe, con certeza, que lo intentó proteger hasta el final.

Su recuerdo más imborrable fue del día antes de su muerte. Ángel acababa de llegar de Pamplona y pudo pasar un par de horas a solas con él, en la habitación de sus padres. Creyendo que ya no estaba consciente, rompió a llorar. En un momento dado levantó la vista y vio que Jorge tenía los ojos abiertos y lo estaba mirando. Le preguntó por qué lloraba, le dijo que todo iba a salir bien y que no se preocupara. Se dieron la mano. Ángel dice que fue Jorge quien lo consoló a él, y quien le regaló serenidad cuando ya sabía que su momento había llegado. Fueron las últimas palabras que escuchó de su hermano.

Sus dos hermanos, Julio y Ángel, recuerdan también su deseo constante por mantener unida a la familia. Proponía planes, organizaba encuentros, hablaba de futuros viajes cuando estuviera mejor. Me hace gracia comprobar cómo los dos explican que Jorge, que era el hermano mayor, los integraba en su vida y en sus grupos de amigos con naturalidad. A pesar de la diferencia de edad. Y, en privado y en público, «fardaba» de ellos sin ningún pudor.

Podría seguir con mucho más material, pero creo que con esto es suficiente para que se entienda que pensar en los otros no fue en Jorge un rasgo ocasional.

# 7. Aprender a empezar

Pues ya hemos llegado al 2013. Eso sí, con la vida empeñada en recordarme que el reloj podía ir muy rápido para mí.

En febrero celebramos el cumpleaños de Julio. Quince añitos y ya se había montado un canal de magia en YouTube que despegó a toda velocidad. Dos mil novecientos suscriptores y más de doscientas mil reproducciones en un tiempo récord. Me encantó que hubiera hecho tan suyo algo que le había contagiado yo. Su futuro iba tomando forma.

Allá por marzo llegó mi graduación. Me pasé toda la misa que hubo antes sin prestar atención, repasando el discurso que me tocaba leer como delegado. Además, venían mis hermanos a verme. Mientras hablaba, vi a Ángel mirarme con admiración. Me sentí henchido de orgullo. Para mí, mis hermanos eran —y siguen siendo— lo más grande. Creo que no lo hice mal del todo, porque hasta me aplaudieron.

Mi madre estaba algo mejor por esas fechas. Y mi padre, genial, aunque a mediados de ese mes recibió un buen golpe: mi abuelo, su padre, había perdido líquido en un pulmón y lo ingresaron. Por suerte, la cosa no fue a más.

El 5 de abril, Ana me puso el último pinchazo de metotrexato. El último. Para mí, había sido la peor quimio de todas, así que fue un alivio que terminara. Además, como la selectividad era en junio, aquello me permitía preparar con más calma los exámenes.

Para cerrar el curso nos regalamos otro viaje familiar, esta vez a Toledo, con mi tía Amparo, mis primos y mis abuelos maternos. El abuelo iba en silla de ruedas y todos nos peleábamos por empujarla. Digamos que fue un viaje para celebrar que seguíamos todos juntos. Además, entré en Medicina.

Ese verano fue bien y pude irme de convivencia a Pamplona. A la vuelta, revisión. Gracias a Dios, esta vez todo estaba bien. Pero empezar la carrera fue otra historia. Llegué nervioso, con bastantes dudas, y para no perder las buenas costumbres de meter la pata en algo, me había matriculado en la carrera en inglés. ¿Valiente? Más bien temerario, diría yo. De los ochenta alumnos, solo diecisiete éramos chicos. Casi ninguno conocía mi vocación al celibato y de entrada era mejor así. El inglés empezó a agobiarme más de la cuenta. Para tranquilizarme, me repetía que si el año no iba bien, siempre podía cambiarme al grupo en español. De hecho, enseguida presenté una instancia para solicitar el cambio.

No mucho después les daría a mis padres otro pequeño disgusto: no tenía claro si estudiar Medicina era lo mío. Les dije que quizá me había equivocado. Que era posible que lo mío fuera otra cosa, tal vez Audiovisuales. Os prometo que es un tema que llevé mucho a la oración, y a misa, que es donde me solían venir las luces en las cosas importantes. Pero no sé, me sentía muy solo, muy perdido.

Mis padres lo notaron y me plantearon que me fuera a vivir al Colegio Mayor Albalat. De hecho, fuimos a hablar con el director, Jesús Gil, y con Arturo. Igual habría sido un acierto, pero al final decidimos que lo mejor era seguir en casa. Ya había tenido demasiados cambios de golpe: universidad, nuevos amigos, comer y cenar solo... Todo eso ya me estaba desubicando bastante, como para meter otro cambio brusco.

Cambiando un poco de tema, en octubre aprobé el carnet de conducir. Convencí a mis padres para comprar un cochecito de quinientos euros. No fue tan difícil que aceptaran. Al final casi parecía que la idea había sido suya, justificándose en que me vendría bien para moverme y para ir a la universidad. Yo me sentía un poco consentido, pero entendedme, quinientos euros tampoco era ningún derroche, ¿no?

En la carrera iba de mal en peor. Seguía sintiéndome solo. ¡Qué importante es estar motivado! Empecé a fumar de vez en cuando. Una pequeña rebeldía... y otro disgusto para mis padres cuando se dieron cuenta. Qué vergüenza. Me escondía. Patético ser tan incoherente, con todo lo que había vivido. Y que nadie lo justifique, que esta vez no tenía perdón.

Tanto va el cántaro a la fuente... que no aprobé ni una en Medicina ese semestre. Un desastre absoluto. Volvió con más fuerza la idea de cambiar y dedicarme a la enseñanza. De ser profesor.

Lo que sí me dejaron claro es que no iba a perder el año. Tuve que acordar con mis padres y con Arturo que estudiaría todas las tardes, de cuatro a siete, en la Alameda[4]. Les faltó hacerme firmarlo ante notario. Bien por ellos.

Y ya estábamos otra vez en Navidades. Y en Año Nuevo. Y con el nuevo año volvieron los mareos. Parecía que empezar mal el año era ya una tradición,

---

4 La Alameda es un colegio mayor de Valencia.

pero eso no iba a ser excusa. Me propuse ser más constante con los estudios ese primer trimestre.

En abril llegó otro viaje que esperaba con muchísima ilusión: la canonización de Juan Pablo II. Era un sueño estar allí. Lo único es que justo el día de la misa me empecé a encontrar fatal y tuve que quedarme en el hotel. Ahora, con perspectiva, pienso que debería haber ido igualmente. O no sé, quizá estaba realmente mal, porque tengo alguna laguna de aquel día. En fin, que me perdí aquella misa y ojalá se pudiera viajar en el tiempo.

Mi madre seguía nerviosa por todo lo que llevaba encima. Yo me sentía fatal por ella y decidí ponerme las pilas de verdad. Habíamos tenido alguna bronca pequeña, porque últimamente yo estaba llegando tarde sin avisar y no estaba cumpliendo del todo lo que había prometido en los estudios. ¡Por favor! A mi edad tendrían que haberme hecho firmar el compromiso ante notario. No, ahora en serio, ella y mi padre se merecían otra actitud por mi parte.

Así que lo intenté, metí un empujón final con ganas, y cumplí. ¡RATATATA! Aprobé las cinco asignaturas del semestre, tal y como les había prometido. No fue brillante, pero conseguí lo que había prometido. Igual pensáis que en ese momento de mi vida eso ya era mucho, pero creo que podría haberlo hecho bastante mejor.

* * *

Conviene detenerse un instante y pensar que entrar en una carrera como Medicina, en la universidad pública, exige una nota media muy alta. Hacerlo después de años de tratamientos agresivos, ingresos, recaídas y secuelas físicas y emocionales lo veo como un mérito enorme. A mi entender, más allá de las dudas, los tropiezos o las decisiones discutibles —que forman parte de cualquier juventud—, Jorge seguía progresando a su ritmo. Con meteduras de pata y alguna contradicción, pero luchando y tratando de corregir sus errores.

Respecto al resto de cosas que nos cuenta, es importante resaltar que, para Jorge, el eje de su vida era la misa diaria y la comunión. De ahí sacaba la fuerza para cada día, y hay numerosísimas referencias a ello en sus anotaciones personales.

También me han llegado historias concretas que lo atestiguan.

Sacramento Peris cuenta, en una carta que envió a la familia, que una mañana de invierno, sobre las once, llegaba ella a misa al colegio El Vedat cuando vio entrar a un chico en moto, muy templado. Era Jorge, recién salido de uno de tantos ingresos hospitalarios. Bajó de la moto, saludó y entró en la capilla como si nada. Habló con él, y el comentario que le hizo le impresionó: el médico le había recomendado evitar el contacto con gente, pero él se había «escapado» para ir a misa.

Esto sirve para entender que Jorge escuchaba las indicaciones médicas, asentía, pero cuando el consejo era «mejor no salgas», no estaba dispuesto a renunciar a la misa diaria.

Don Luis Torregrosa, sacerdote del hospital, también lo recuerda con claridad: todos los días, sin excepción, iba a llevarle la comunión. Lo cuenta al tiempo que recuerda que el propio arzobispo, al conocer su historia, comentó que le gustaría enviar a alguien a entrevistarlo para un próximo encuentro de jóvenes.

Para quienes no conozcan el Opus Dei, simplemente anotar aquí que la práctica espiritual central para sus miembros es la misa diaria. Los centros de la Obra cuentan con una capilla donde habitualmente se celebra la Eucaristía, pero sus fieles acuden con normalidad a cualquier parroquia. Jorge intentaba ir siempre que podía a Dardo y, muchas veces, a la del colegio. Sus amigos dicen que no era raro que les invitara a acompañarlo.

Cuando no se encontraba bien para salir de casa, don Enrique Cervera López, sacerdote de Picassent y gran amigo de la familia, acudía a darle la comunión. Esto ocurrió muchísimas veces al final de su vida, y la familia está convencida de que en más de una ocasión dejó otras cosas para poder ir, porque no falló nunca a la llamada. El abrazo que dio a la familia cuando Jorge falleció —fue de los primeros en llegar— lo tienen todos grabado para siempre. Y ese cariño se manifestó de una forma especialmente conmovedora en el funeral. Don Enrique le había dedicado dos poemas y estaba previsto que los leyera antes del responso final. Pues bien, consiguió leer el primero, pero el segundo no pudo terminarlo porque la emoción le quebró la voz. Aquello evidenció, sin necesidad de palabras, lo que lo quería.

En un escrito dirigido a la familia después del fallecimiento de Jorge, don Enrique recordaba unas palabras suyas tomadas de una entrevista publicada en *Paraula*[5]: «Me he sentido muy ayudado por la Iglesia. Los sacerdotes han estado ahí para poder confesarme

---

5 *Paraula* es el semanario del Arzobispado de Valencia.

y comulgar, y además me consta que religiosas y religiosos están rezando por mí».

A partir de aquí, me veo obligado a mencionar otro aspecto que he podido comprobar en las anotaciones personales de Jorge: rezaba todos los días por la unidad de la Iglesia. Tenía muchos amigos sacerdotes, bastantes del Opus Dei, pero rezaba de forma muy especial por los diocesanos, para que se sintieran acompañados y fuertes en su vocación. Don Enrique es un buen ejemplo, o don Ramón, de Bañeres, su pueblo, y muchos más.

Nada de esto resulta extraño si se tiene en cuenta que Jorge, a pesar de su juventud, mantuvo una relación bastante estrecha con distintos movimientos eclesiales. Estuvo vinculado a Hakuna —lo veremos más adelante— y tuvo previsto participar en un retiro de Emaús. La familia conserva las cartas que algunos allegados le escribieron para ese retiro, que finalmente no pudo realizar —cartas que he preferido no leer por su carácter confidencial—.

Durante su estancia en el hospital recibió también la visita de sacerdotes del ámbito carismático, entre ellos don Jorge García, que acudió en compañía del emblemático don Darío Betancourt. Este último quedó tan impactado por el testimonio de Jorge que llegó a grabar un vídeo después de escucharlo (se conserva en YouTube). Don Darío falleció un año después de la muerte de Jorge. Tenía una salud delicada y sufrió complicaciones derivadas del coronavirus.

Todo esto me sirve para ilustrar algo que muchos compartimos con Jorge: había un rincón especial en su corazón, y era para las religiosas. Al igual que dentro del Opus Dei tenía una sensibilidad particular hacia las numerarias auxiliares, en el conjunto de la Iglesia sentía una debilidad enorme por las monjas. Rezaba mucho por ellas, consciente de que ellas también rezaban por él, y tuvo contacto con diversos carismas. Aquí me permito un guiño muy especial a las hermanas de Iesu Communio, que estuvieron en Valencia desde 2017 y regresaron a Burgos en 2025 para preservar su carisma. Ellas rezaban por Jorge, él lo sabía y siempre decía que le daban una fuerza muy especial.

Retomando las historias, una amiga suya expresa así en un testimonio, dirigiéndose directamente a él: «Tampoco se te escapaba ningún momento para meternos caña con cariño. Me acuerdo de un día, en uno de esos ratitos de hospital, en el que me dijiste que tenías que decirme un par de cosas que habías estado rezando». Y le transmitió, casi como un esquema de vida: «Dirección espiritual. Confesión frecuente. No te quedes solo en la misa del domingo. Eso no es amor. El amor no aspira a mínimos, sino a máximos. Disciplina. No bases la relación con Dios en los sentimientos. Queda con Él diez minutos al día. Si no lo tratas, no puedes enamorarte. Haz una lista de la gente que quieres y reza el rosario por ellos. Examen de conciencia. No te quedes solo en lo que has hecho mal o podrías haber hecho mejor. Busca la raíz. Pregúntate por qué has actuado así. Sé consciente también de las cosas buenas que tienes».

En sus notas personales aparece una frase subrayada: «Se puede sufrir, se puede llorar, pero estar triste, no». Y a partir de ahí deja indicaciones muy concretas, tanto para él como para aconsejar a otros:

«Llevar dirección espiritual para que te aprieten e ir mejorando día a día».

«Rezar no solo por apetencia, a veces de forma forzada (el amor es así). Concretar el qué. No quedarte en misa de domingo y confesión frecuente».

«Antes de dormir, examen: para conocerte mejor, ver puntos de mejora sin agobios y dar gracias por las cosas buenas. Ser consciente de tus aptitudes, de todo lo bueno, para ponerlo al servicio de los demás y de Dios a través de ellos».

«Cuidar los comentarios sobre el cáncer para no herir sensibilidades».

«No idealizar a las personas: "¡Bájame de aquí!", que luego dices que te decepciono».

Por último, se puede ver que la confesión era su otro gran eje. Hasta el punto de que, en unas anotaciones en las que planeaba su propio entierro, escribió con su habitual sentido del humor: «Entierro: confesores también fuera, por si sale gente a fumar. Os espero arriba disfrutando. Lo único que echaré en falta: a vosotros».

# 8. Otra vez al borde

Parecía que iba a tener un buen verano cuando mi salud se volvió a torcer. Ya no sabía si reírme, aguantar o mirar al cielo y decir: «Vale, otro golpe más».

Esta vez se trató de una operación de sinus pilonidal[6]. Nada que ver con la leucemia, en teoría, pero en la práctica mi estado lo complicaba todo. La cicatrización iba lentísima, tanto que me obligaron a volver a la cama y a ponerme un aparato que hacía el vacío para ayudar a cerrar la herida. Me lo colocaba Francisco Palomares, un enfermero muy simpático. Estamos hablando de finales de junio. Otra vez quietecito.

En las curas, Francisco llegó a decir que en la herida cabían cuatro dedos. Ya me daba igual. Lo ofrecería por Francisco Palomares y punto. Así sería más

---

6 Inicialmente es un quiste bajo la piel en la zona del coxis, que después se infecta y se complica con un absceso, por lo que se produce una infección que generalmente requiere una intervención quirúrgica.

fácil. El 14 de julio por fin me quitaron el dichoso aparato. Iluso de mí, pensaba que podría irme a una convivencia en Manzanares y cambiar de aires con mis amigos, pero los médicos me dijeron que no, que tenía que seguir yendo a las curas al centro de salud. «Vaya tostón de verano», pensé. En la cura del 18 de agosto, la herida estaba casi cerrada. Casi, porque ni un puñetero baño en todo el verano, con el calor que hacía. Y añado el miedo a que la herida se abriera de nuevo. En fin, ya lo tenía más que asumido y, al menos, esta vez sí, pude irme a Pamplona de convivencia. Estar con mis amigos seguía siendo el salvavidas de mi cabeza.

Aguanté lo que pude, pero el 21 de agosto tuve que llamar a mis padres. Empezaba a encontrarme fatal otra vez y me rondaba un presentimiento, fruto de un mal recuerdo que volvía sin mi permiso. Sin decirles nada todavía, me hice una analítica allí mismo y los leucocitos salieron muy bajos. Ya no había excusas. Les tocó venir a buscarme.

El verano ya estaba siendo para olvidar, pero aún quedaba el gol en el descuento de la segunda parte de la prórroga con penalti injusto. En el coche de vuelta, y ocultando como pude lo mal que me encontraba, me dijeron que el 25 de agosto tocaba punción de médula. Lo que me faltaba. Y por no tomarlo con deportividad como tantas otras veces, de penitencia la punción fue doble porque en la primera no se veían grumitos. Lo reconozco: No podía más.

Por más que apreté mi cruz, no podía dejar de temblar, y de qué manera durante la prueba. Mi madre tuvo que tumbarse en el suelo porque se mareó al verme así, mientras yo intentaba aguantar como podía —y sin mucho éxito— para que ella se recuperara. Aquella imagen fue un cuadro para enmarcar. Luego me fui al baño, cerré la puerta, y pude desahogarme llorando solo un buen rato. Lo necesitaba. Me mojé un poco la cara para que no se notara y salí con mi mejor sonrisa, hasta la una del mediodía. A esa hora llegó David, mi médico, con malas noticias: el 84% de las células del aspirado eran malas. Había recaído.

Yo ya lo sospechaba desde Pamplona, pero una cosa es intuirlo y otra escucharlo. La verdad es que fue un palazo durísimo.

En el coche de vuelta a casa hubo bastantes silencios incómodos. Intentábamos darnos ánimos, pero el abatimiento se palpaba en el ambiente. Comimos todos juntos en casa y descansamos un poco. Luego a misa a San Josemaría, antes de ingresar en La Fe, a toda prisa, para el tratamiento.

No hubo tiempo ni de esperar a que me pusieran el Hickman. Me metieron la quimio por vía para ir más rápido. Hacía nada que todavía pensaba en qué desastre había sido el verano por el sinus pilonidal, y qué deprisa se había olvidado esa herida, la máquina de vacío y todo lo demás, con la nueva y cruda realidad.

Daunorrubicina por un lado con el nuevo tratamiento; intratecal con metotrexato, cortisona y —si no recuerdo mal— también citarabina, por el otro. Un buen cóctel, pero es que iban con todo porque les dije que me sentía fuerte. Como vino a verme nada más y nada menos que el vicario, don Jorge Navas, me hizo sentirme importante. Ya veis.

Recuerdo, porque la fecha es fácil de recordar, que el 31 de agosto Aima, una de las médicos residentes, nos sentó y nos dijo que entrábamos en Protocolo III de Trasplante. Luego, mirándome a los ojos, añadió que iba a ser un año duro. No durillo o durito, no, duro. Ignoro si aquellos palos eran ya costumbre, pero en ocasiones me sorprendía a mí mismo por la serenidad con la que me tomaba ya ese tipo de advertencias.

Ese mismo día también vino a verme don Javier Santos. Más palabras del clero que se me quedaron grabadas. Nunca por la forma, siempre por el fondo. Me dijo que estaba bien pedir por la curación, claro que sí, pero que eso no era lo más importante. Lo más importante era ser santo.

Era innegable que, detrás de ese mensaje, se abría una puerta que no quería ni mirar. Cuando se fue, agarré la cruz con fuerza, como hacía en las punciones, intentando no pensar más en eso. Gracias a Dios, aparecieron al rescate mis amigos Jorge, Guillermo, Alfonso y Borja. Me escapé con ellos por los alrededores de La Fe para hablar de tonterías y me vino genial desviar mis pensamientos a otras cosas. Qué bueno es rodearse de buenos amigos en esos momentos.

Ahora me viene a la cabeza que estaba leyendo *Los renglones torcidos de Dios*. «¿Perderé yo también la cabeza con todo esto?», pensé. El libro me pareció una pasada, aunque sigo sin entender cómo alguien puede llamarse Torcuato. ¿Qué nombre es ese?

Por la tarde, mi padre me interrumpió para preguntarme si quería hacer la oración con él. Mi madre se apuntó y rezamos juntos la de la tarde. ¡Ojo!, que la hicimos con el librito del Vía Crucis. Ahora me río, pero menudo silencio cuando mi padre leyó: «Un dolor agudo penetra en el alma de Jesús y el Señor se desploma extenuado». Nos miramos. Yo con una mueca, pero me pareció ver cierto enfado de mis padres con Dios. Lo noté y me preocupó, lo que no quiere decir que no entendiera su rabia. En cualquier caso, me vino bien como recordatorio de mi propósito de aguantar con la mejor cara posible cuando las cosas se pusieran feas para que ellos no desesperaran.

Aunque no aguanté mucho. El 10 de septiembre llegué a mi límite. Tuvieron que ponerme un gotero de daunorrubicina, otro de vindesina, me pincharon erwinia y tuvieron que ponerme fibrinógeno. El dolor de cabeza era brutal, sobre todo por las noches. Intentaba no molestar y aguantaba horas de insomnio hasta que no podía más. Entonces despertaba a mi padre para que me diera algo para dormir. Necesitaba que me quitaran ese dolor.

No os lo perdáis, que a la mañana siguiente de la peor noche habíamos cerrado cita con Ángela, la responsable de la Universidad a Distancia. Sí, la recaída me había ayudado a dejar de fingir y ya no tenía sentido seguir forzándome. Había descartado Medicina, convencido de que mi vocación era la docencia, así que me matriculé de cuatro asignaturas de Magisterio en ese primer semestre. Miguel nos había dicho que, tras cada ciclo, debería poder irme un mes a casa. Cuatro podía sacarlas, aunque no iba a ser fácil, porque a mediados de septiembre me ingresaron de nuevo. No podía abrir los ojos y tenía la boca llena de llagas. Cuatro asignaturas igual era ser demasiado optimista.

Tuvieron el detalle de traerme al Señor en una teca[7] para darme fuerzas. Aunque al final me pincharon morfina y me alimentaron por vena porque no podía comer, yo miraba la teca: como Él, no pensaba rendirme. Me repetía por dentro un texto de *Hablar con Dios* que mi madre me había leído en voz alta: «La Virgen nos enseña a no quejarnos de los males, pues Ella jamás lo hizo; nos anima a unirlos a la cruz redentora de su Hijo y convertirlos en un bien para la propia familia, para la Iglesia, para toda la humanidad».

\* \* \*

Cuando en este libro aparece un texto entrecomillado, procede directamente de cuadernos manuscritos, de notas de Jorge, de su familia o de amigos. Están recogidas tal como las escribieron. Os digo esto porque no he comprobado si las citas de los libros de oración coinciden palabra por palabra con las originales, y

---

7 Pequeño sagrario o receptáculo litúrgico donde se reserva el Santísimo Sacramento para su custodia.

tampoco creo que importe demasiado. Al final me he inclinado por la literalidad.

Su madre anotó durante los días del postoperatorio del sinus pilonidal: «Jorge no se quejó ni una sola vez cuando estuvo quieto en la cama con el aparato del vacío. Ni siquiera para comer. Y eso que lo hacía de pie para que no se le moviera». También dejó escrito lo siguiente: «Nunca olvidaré sus temblores aquel final de verano. Fue la primera vez que lo vi temblar así durante una punción medular. Esa imagen se me quedó grabada para siempre».

Del día que la residente les anunció que entraban en Protocolo III y que iba a ser un año doloroso tiene anotado: «Me sorprendió muchísimo la serenidad con la que Jorge recibió la noticia de Aima cuando le dijo que iba a ser un año duro. Después de todo lo que llevaba sufrido, asumió la gravedad de la recaída con una entereza que me desarmó. Ese día me escribió un WhatsApp que aún guardo: "Un beso grande. Que sepas que te quiero un montón y volveremos a salir juntos de esto, como siempre"».

Poco tiempo después, Jorge le confesó algo que hasta entonces había guardado para sí: «Jorge me reconoció después que ese año lo había pasado fatal. Que había días en los que se levantaba, veía que no había nadie en casa… y se volvía a la cama sin decir nada. No le gustaba Medicina y se había esforzado muchísimo para que le gustara».

De una enfermera (Fátima, Araceli o Manuela): «Recuerdo oírle decir, cuando tenía la boca llena de llagas y lo alimentábamos por vena: "Estoy bien, así tengo algo que ofrecer". Siempre estaba sonriente. Incluso en esos momentos».

Don Carlos Villar, su confesor, al repasar la huella que Jorge dejó en tantas personas, se hacía esta pregunta: «¿Que cuál era su secreto?». Y se respondía: «Estoy persuadido de que el sufrimiento de la enfermedad —iniciado a los quince años— le había introducido en la ciencia de la cruz: una cátedra en la que, desde la luz de la fe y del amor, el corazón aprende a morir para dar vida, para llenar de perfume toda la estancia». Decía también que a Jorge podían aplicarse las palabras de santa Teresa de Lisieux: «Señor, cuando un alma se deja atrapar del olor embriagante de tus perfumes, no puede correr sola: todas las almas que ama son atraídas de ella. Y esto se da sin violencia, sin esfuerzo, como consecuencia natural de su misma atracción por Vos». Y concluía: «Desde la adolescencia había abrazado el camino del celibato por el Reino de los Cielos. Su corazón virgen fue un campo precioso donde nació una vocación de entrega, una vida llamada a dar luz en medio del mundo y a recordar la belleza de Dios».

# 9. A contrarreloj (2014)

Después de dos o tres semanas ingresado, por fin pude volver a casa. Conducía yo. Eran los últimos días de septiembre y volver al volante fue mi pequeño triunfo de ese mes. Justo a tiempo para ver en casa, todos juntos, la beatificación de don Álvaro del Portillo. Me habría encantado estar en Madrid —igual que habíamos estado en Roma en la canonización de Juan Pablo II—, porque muchas de las peticiones que había hecho a don Álvaro se habían cumplido. Cosas íntimas que no puedo contar, pero relacionadas con el acercamiento a Dios de alguno de mis amigos.

El doctor Martínez me dijo que las analíticas iban algo mejor y que fuera preparando la cabeza para el inminente trasplante. Quería evitar más toxicidad por un problema de parestesias en las extremidades. Por lo visto, alguno de mis mejunjes de quimio me dañaba los nervios periféricos, que van de la médula al resto del cuerpo, y estos no transmitían bien las señales. Y eso justo cuando iba a empezar con las clases online... Aunque si os digo la verdad, no tenía muchas ganas. En realidad, estaba esperando como agua de mayo que viniera mi amigo Jimmy, de Bilbao. Jaime Andreu.

Nada más llegar al aeropuerto, lo metí en la rueda. Fuimos directos a que me pusieran el Hickman. Y luego —porque también tenía mis caprichos— nos comimos el mejor arroz con bogavante de la historia. No sé si os he contado que mi padre es un hacha con los arroces y estoy seguro de que Jimmy no lo ha olvidado aún. Que le sirva de compensación por los rezos que me consiguió colgando un vídeo sobre mí en internet... Logró que rezara muchísima gente. Y no solo de España. Me viralizó el muy canalla. Oye, y yo agradecidísimo de corazón. No me cansaré de repetir lo que sostiene saber que hay gente que no te conoce y reza por ti. Gracias de corazón, Jimmy.

El 6 de octubre tuve consulta con el doctor Montesinos por el tema del trasplante. Salí un poco mareado de la conversación porque le dio por hablarme de todo lo que podía salir mal. A mis padres se les notaba atacados y, aunque no lo verbalizaron, sé que aparecieron algunas dudas. Pero también tenían claro que el equipo médico era de lo mejorcito, y que lo harían bien.

Unos días después, antes de que terminara octubre, el doctor Montesinos —aunque no del todo convencido, porque yo seguía fastidiado de la garganta— le dijo a Marisa, la enfermera de consultas externas, que nos avisara: ingresábamos para la previa. Ella lo hizo con mucho tacto y nos contó que para el postrasplante nos llevaría Paqui López, la adjunta, un encanto y una excelente profesional, aunque muy empeñada en que me bebiera unos batidos de proteínas bastante asquerosos. Fue muy delicada avisándome con mucho cariño que esa semana se me caería el pelo. A mí me importaba un comino, la verdad.

Aquí me vais a permitir que recurra a una de mis listas de oración, no sea que alguien se piense que todo esto lo sacamos adelante cuatro gatos. Creo que conviene dejar constancia de la alineación completa del equipo salvador de La Fe, en lo que era, sin duda, mi once ideal.

Bajo palos —porque era uno de los encargados de dármelos— el veterano e inigualable doctor Montesinos, siempre organizando el juego con calma y oficio. En la defensa, Jesús Martínez, Guillermo

Martín, Paqui López, el doctor Piñana y Juan Montoro, firmes como un auténtico muro de contención.

En el centro del campo, moviendo el balón con criterio: los doctores Jarque, Lorenzo, Aima, Samuel, Blanca, Rebeca, Alberto, María Jesús y los cracks Guillermo Sanz y Jaime Sanz. En la medular —nunca mejor dicho, tratándose de mi médula—, el doctor Federico Gomis, Inés y David. Y, cómo no, la imprescindible súper Malé Senent, auténtica maestra del tiki-taka en sus diagnósticos.

Y en la delantera, reviviendo cada jugada con precisión quirúrgica, porque aquí obviamente no remataba nadie: María José Cejalvo, Gloria y Aitana.

Saltando al campo cuando hacía falta, el equipazo de enfermería: Victoria, Manuela, Fátima, Araceli, Marisa, Celsa, Elvira; y en el hospital de día, Carla, Lara, Lourdes y Elisa. En aféresis, un póker de ases: Maribel, Dolo, Lidia y María José.

Y como refuerzos periféricos, perfectamente compenetrados a kilómetros de distancia, los doctores del Clínic de Barcelona: Valentín Ortiz Maldonado y Gloria Yacoboni. Sin olvidarme de Miguel, el primo de mi madre, que también estaba en todo, haciendo piña.

Vamos, que con semejante plantilla iba a ser muy difícil perder el partido, aunque el bicho del árbitro —la leucemia— pitara claramente en contra.

El 28 de octubre llegó la primera sesión de quimio de tiotepa. Tan flipado estaba ese día que incluso asistí a una clase online. Ahora sé que intentaba que mi vida fuera «normal», pero al día siguiente comenzaron los efectos secundarios: mareos, vómitos y un declive progresivo que acabó en una metedura de pata. El día de Todos los Santos me derrumbé con mi madre y cometí el error de decirle, llorando, que era como si me estuvieran matando poco a poco. A quién se le ocurre. La dejé preocupadísima. Y precisamente el día de Todos los Santos, el día al que se supone que todos —y mucho más alguien en mi estado— deberíamos aspirar.

En mi defensa diré que había hablado antes con Miguel. Yo, muy valiente después de mi media hora de oración de la tarde, le pedí que me contara lo que me iba a pasar. Y él me dijo que la semana siguiente al trasplante sería la peor. ¿Peor de lo que estaba en ese momento? Supongo que por eso me vine abajo.

Con el tratamiento hubo algo de confusión con los días y, en lugar de seis chutes de la previa, resulta que eran cinco. Me dijeron que me preparara: íbamos a trasplante. Me dejaron sin comer y sin beber. Rezar y ofrecer, rezar, ofrecer, que así me importaba poco, o menos. Así que, aunque estaba muy nervioso, cuanto antes, mejor.

Ese día me llegaron noticias que no voy a olvidar nunca. Había colegios enteros rezando por mí. Clases de niños pequeños. Misas en San Josemaría, en San Pascual Baylón. Todo por mí. Mi madre me contó que su amiga Mamen ofreció su kilómetro 40 del maratón. El pueblo de Banyeres de Mariola. Un ejército completo rezando por mí.

Os prometo que se nota. Y para un chaval a punto de entrar en un trasplante de médula, saber que hay tanta gente rezando es oro.

\* \* \*

La oración formaba parte del plan de vida de Jorge. Cada mañana reservaba un rato para ponerse delante del Señor —a veces media hora, a veces apenas diez minutos, según las fuerzas— y por la tarde volvía a hacerlo. Era bastante constante. A eso había que añadir las horas de oración «extra» que suponían tantas pruebas y tantas horas de salas de espera de hospital. Una vida interior que tuvo consecuencias muy visibles para todos, incluso para quienes no compartían su misma fe.

Desde el ámbito médico, hubo gestos que marcaron profundamente a la familia. El doctor Montesinos suspendió sus vacaciones en cuanto se enteró de la recaída de Jorge. El doctor Martín, ya jubilado, hizo algo parecido: se interesó por su evolución, siguió el caso y estuvo presente de nuevo. En mi opinión, decisiones humanas que nacen de algo que va más allá de lo estrictamente debido, como si alrededor de Jorge se hubiera generado una implicación especial.

Su madre lo vivía desde otro lugar, más íntimo y, si se me permite, más desgarrador. En sus notas personales dejó escrita una súplica que da título a este libro y que resume bien ese abandono confiado que fue creciendo en ella con el paso de los meses: «Señor, escucha a todos los que rezan por mi hijo. Escúchales. Jorge tiene grandes cosas que hacer en la tierra por Ti... Cúrale ya y para siempre, ya y para siempre, ya y para siempre».

Entre quienes rezaban por él fuera de España estaba Candela Copparoni, desde Roma. Con ella se había consagrado a Jesús por María, una experiencia espiritual que los unió de una forma que sinceramente yo no sabría explicar, pero Candela lo expresa así: «Gracias a Dios hoy puedo decir que tengo un amigo santo en el cielo». Y recuerda un encuentro especialmente significativo: «Cuando finalmente pudimos encontrarnos cara a cara, le conté que lo llevaba en mis oraciones; su respuesta fue: "Por eso todavía estoy aquí"».

Pero quizá el testimonio más ilustrativo que he encontrado sea el de Javier Ferrando Valverde, porque muestra hasta qué punto Jorge había interiorizado una lógica distinta de la habitual. Fue el propio Jorge quien, en uno de los momentos más duros de la recaída, le escribió este mensaje: «Javier, tío, la recaída se ha agravado mucho y parece que la cosa se pone casi imposible (aunque no es la primera vez, jajaja), cuento con tus rezos y cuenta tú con mis ofrecimientos, ¿vale? Un abrazo muy, muy fuerte, y que sepas que te aprecio y te admiro un montón, eres muy grande. Buenas noches, crack». La respuesta de Javier fue esta: »Si supieras qué conversaciones he tenido hoy con Jesús, precisamente hablándole de ti... No te he olvidado ningún día. Tú sí que eres grande, por tu unión tan especial con Él. Te agradezco mucho este SMS. Un abrazo enorme. Estamos tocando el milagro». Y entonces llega la contestación de Jorge, que me vuelve a descolocar: «Pues habla, habla, y pídele, no ya por mi curación, que hay demasiada gente rezando por ello, sino para que mi familia y yo llevemos muy bien el proceso y el desenlace, sea cual sea. Cuídate mucho y descansa».

Aquí está, quizá, una de las claves de todo. Jorge no dejaba de creer en el milagro, pero aprendió a desear algo más grande: la gracia de vivir —y morir, si era el caso— bien acompañado, sostenido en el Señor y en paz. Su oración no buscaba evitar la cruz. Si había que llevarla, quería hacerlo con sentido. Y ese modo de hacerlo tan suyo, alegre, silencioso y perseverante, sigue siendo hoy uno de los testimonios más elocuentes de su vida.

# 10. Nueva médula

Llegó el día D, y con él mi padre y mi hermano Julio, muy puntuales para que a las nueve de la mañana «enchufaran» a Julio a una máquina y le sacaran la médula que me iba a regalar. Habíamos pedido que nadie se molestara en venir, pero mi padre pilló a mi abuelo escondiéndose con mi tía Amparo. No podían soportar no estar y disimularon como pudieron. Al final les dejaron subir a verme a través de un cristal. Yo lo agradecí, aunque creo que ellos solo debieron ver una cara de susto —la mía— porque, aunque intentaba ir de valiente, no engañaba a nadie.

Cuatro de la tarde. Me tocaba. Entré. M.ª Jesús, la hematóloga de guardia, apareció con una bolsa pequeña. Ahí dentro estaba mi nueva médula, así que infusión al canto y directo a un largo aislamiento.

Esto me sabe fatal contarlo por si alguien que tenga que pasar por algo parecido lo lee. De hecho, si te han recomendado esta lectura porque tienes un trasplante a la vista, arranca esta página o, por lo menos, haz el favor de saltártela.

Intento ir al grano: Miguel tenía razón. La primera semana hay que abrazar bien la cruz y tirar para arriba en el Calvario, porque es muy tortuosa. A mí me dejó sin estómago. A pesar de todas las drogas que me daban, me sentaba mal hasta la manzanilla, y no es una metáfora. Encima, una dichosa mucositis hizo acto de presencia. Las transfusiones de sangre empezaron a ser bastante frecuentes. Mantener un poco de actitud positiva me costaba un mundo. Hubo días en los que no hubo más remedio que tirar de bombas de morfina, con la boca hecha un cromo por la quemazón que me provocó la dichosa ciclosporina. En fin, que tocó sacar la lista de nombres y ofrecer muchos, pero que muchos tormentos.

Sin embargo, hubo una excepción que me salvó el alma. No sé si luego borrarán esto en las correcciones para evitar líos, pero os lo cuento igual. Don Jorge Molinero consiguió que me autorizaran a tener al Señor en mi habitación de aislamiento durante todo el tiempo que duró. Pude comulgar todos los días con mi madre —si se pudiera, pediría que aquí pongan los clásicos emoticonos con aplausos—. 👏 👏 👏

Lo teníamos allí, tan cerca, que era lo primero y lo último que miraba al despertarme y al acostarme. Seguro que no debe de ser fácil conseguir algo así, pero si algún día pasáis por esto y podéis mover alguna ficha, os lo digo claro: a mí me dio la vida tener al Señor tan cerca esos días. Y aprovecho para pedirle perdón otra vez por las veces que no di la talla, teniéndolo delante, o por no haberle hecho todo el caso que debía aquellos días.

¿Y qué decir de mi madre en ese tiempo? «Mamá, eres la mejor». La pobre se dejaba la piel para que no me aburriera. Muchas veces la pillaba mirándome embobada y le decía:

—Te quiero, mamá.

—Yo más —respondía siempre.

Rezábamos juntos todos los días. Me habría encantado que estuvieran los dos, mi padre también, pero no podía quitarles eso a mis hermanos.

La boca fue a peor; la mucositis, a mejor. Volvimos a la alimentación por vena. Con muy mal cuerpo, pero el médico dijo que era buena señal, que la médula nueva estaría arrancando. Yo tuve mis dudas, porque fui al baño y sangré. Fisura al canto. Lo que me faltaba. Acompañada de un dolor tremendo. No iba a ser fácil que el cuerpo aceptara la nueva médula y volvieron las pruebas de todo tipo. Lo ofrecí por la chica de la habitación de al lado: acababan de decirle que la médula de su hermana no era compatible.

Lo empecé a ver tan claro que solo podía darle las gracias al Señor. Porque, si no estuviera pasando por esa enfermedad, muy probablemente no vería la vida como la estaba viendo. Sabía que nada se escapaba de sus manos y que todo el dolor de esas pruebas, aunque a veces me costara comprenderlo, me hacía mejor a sus ojos. Y no quería decepcionarle. No quería fallar al amor que me mostraba, a veces a través de mi familia, a veces por medio de amigos y, otras, solo en mi oración. Hacía ya tiempo que había dejado de medir la vida en días y la medía en amor. Y ahí, el Suyo seguía arrasándolo todo.

No creo que lo entendiera del todo, Señor, pero gracias. Porque el cáncer, que parecía un lastre, era también un regalo que me había acercado a Ti. Si no me hubiese dolido, quizá no habría descubierto con tanta claridad que nunca me dejabas solo. Si no hubiera tenido miedo, tal vez no habría sentido tan fuerte tu presencia a mi lado.

Ya no le pedía tanto que me curara; solo quería que no me soltara. Que cada día me enseñara a quererle más, a confiar más. Él no permitiría que me desviara de su camino. Por eso repetía esa jaculatoria de san Pedro que decimos al principio de la confesión: «Señor, Tú lo sabes todo, Tú sabes que te amo». Si ese sendero me conducía antes a Él, entonces yo lo aceptaba.

Al final, toda la historia del trasplante duró unas cuatro semanas, tres de ellas en aislamiento. Y aunque los últimos días parecía que me iban a dejar irme a casa y luego no, antes de salir pude disfrutar mano a mano con mi madre de la mejor pizza que recuerdo haber comido nunca.

¿De alta? Síííí, me la dieron el 25 de noviembre.

\* \* \*

«Vivir sin problemas es imposible. El sufrimiento nos construye o nos destruye, y hemos de usarlo para construir la sabiduría, que no es el conocimiento».

Esta frase es una anotación personal de Jorge. Sin embargo, cuando la leí no pude evitar pensar que podría haber salido de *El hombre en busca de sentido*, de Viktor Frankl, un libro al que he vuelto por tercera vez antes de arrancar a escribir este, en busca de inspiración. Tal vez Jorge lo estaba leyendo, no lo sé, pero creo que él, a esas alturas, ya había entendido de manera vital y no teórica esa verdad: que el sufrimiento no se elige, pero el modo de atravesarlo sí.

Esa idea que plasmó en su cuaderno ha seguido dando fruto, porque personas que apenas lo conocieron, o que nunca llegaron a tratarlo personalmente, encontraron en su manera de afrontar la enfermedad un apoyo inesperado para atravesar las suyas.

Una de ellas, Marta Soler, conoció a Jorge casi por casualidad, siguiendo su historia a través de las redes. Tras el fallecimiento de Jorge, la familia de Marta se vio sumida en un proceso durísimo. Primero por una enfermedad neurodegenerativa (ELA) de la hermana de Marta; después, un cáncer de su madre. Fueron años de sufrimiento sin respuestas. Sin embargo, la fuerza de Jorge se hizo presente en sus vidas. Su modo de afrontar la enfermedad les ayudó a sobrellevar sus sufrimientos y a no dejarse arrastrar por la desesperanza. Tras la muerte de su madre, Marta encontró entre sus anotaciones una oración sencilla: «Jorge Ribera, Laura, venid en mi ayuda». Ahora agradece haber aprendido a mirar la enfermedad y la muerte desde el amor y la fe.

También su ejemplo llegó a otra madre, la de Marimar Navarro. Luchaba contra un cáncer de pulmón, y Marimar le hablaba cada día de Jorge, de cómo afrontaba su proceso, y de la paz con la que atravesaba el dolor. Aquellas historias iluminaron a su madre en su enfermedad, hasta el punto de rezar por él, pidiendo a Dios que le concediera vida a él, tan joven, aunque se la llevara a ella. Un vínculo que se forjó en el sufrimiento compartido.

Iván Villalobos, de Nicaragua, con quien tuvo bastantes conversaciones por chat, en una ocasión posterior a uno de los trasplantes, le dijo preocupado: «No quiero que nada te pase; a mí me dolería mucho que te ocurriera algo». Y Jorge le respondió: «Si me marcho al cielo, no te preocupes: desde allí cuidaré de ti y pediré por tu salud, como tu ángel de la guarda».

No os cuento estos testimonios para idealizar su dolor ni para dulcificar su enfermedad. Su sufrimiento le desgastaba. Ya hemos visto que era muy duro, y muchas veces pienso que fue injusto. Pero he aprendido en el proceso de documentación de este libro que, cuando le das el sentido que le dio él, no te puede destruir del todo. Y Jorge, con su vida, con aquella anotación y muchas otras, me ha enseñado que, incluso en la prueba más extrema, es posible crecer, amar más y no alejarse de la luz.

Durante aquellos días le llegaron muchísimas cartas. Su amigo Jimmy enviaba dibujos y notas de sus alumnos de 4º de Primaria, niños que rezaban por Jorge sin conocerlo, pero que de algún modo se sentían cerca de él. Seguro que le ayudó.

Su madre recuerda con horror cómo se retorcía de dolor tras el trasplante, pero guarda con especial cariño el recuerdo de haber visto una película completa sin que su hijo le soltara la mano ni un segundo. Escribe: «Cuando está en el baño, oigo cómo amortigua el grito de dolor mordiendo una toalla». No voy a entrar en más detalles.

¡Ah! Cuando Jorge habla de rezar con su madre, se refiere a su plan de vida en general: pequeños compromisos diarios de oración, ofrecimiento y orden interior, muchos de los cuales están, por así decirlo, ligados a su vocación. En aquellos días de aislamiento siguió manteniéndolos y, por lo que he podido comprobar, se volvieron aún más esenciales para él. Conviene recordar que, a esas alturas, Jorge aún no había cumplido los veinte años.

# 11. Una tregua

Volver a casa con mi nueva médula fue un bálsamo. Tenía que ir a diario al hospital de día, pero no podía quejarme. Comparado con el aislamiento, aquello era un lujo total. Los primeros días me movía, o me movían, en silla de ruedas, y aun así terminaba agotado. Al llegar a casa me iba directo a la cama. Todo normal, porque la fatiga entraba dentro de los planes.

En esos días ocurrió algo que no quiero que se me pase por alto. Una sobrina de María Barceló, casada con un asesor del Papa Francisco, me hizo llegar el reposacabezas que él utilizaba en el avión. ¿A que mola? Igual aún quedaban restos de su oración mental cuando volaba y podía tener un contagio cervical, ¿quién sabe? Un puntazo. Quería trasladarle que sigo superagradecido.

Y qué gusto tener a la familia todo el día encima —y no lo digo con ironía—. Bueno, casi toda la familia, porque Ángel seguía en Irlanda, preocupado el pobre, diciéndome cuando hablábamos por teléfono que igual no estaba aprendiendo suficiente inglés. Y Julio, que andaba muy liado porque estaba a punto de abrir su tienda online. Seguro que cuando leáis esto, los 62.000 suscriptores que tenía entonces se habrán quedado muy, muy cortos.

Hacia el 10 de diciembre, el doctor Montesinos, aunque las analíticas no salían mal, quiso hacer una biopsia. Sospechaba que podía haber algo de rechazo. Pocos días después, el doctor Sanz también se mostró preocupado por lo mismo, y aquello significó quedarme sin mi cena de gala en Dardo. Mi madre me dio la idea de ofrecerlo por Mario, el hijo de su amiga Mamen, que empezaba un tratamiento experimental. Ella sabía que con esa causa de peso, no me dolería tanto no poder ir.

Las Navidades iban bastante bien y, como me encontraba mucho mejor, me animé a ir a cenar con Jesús y Chema Mira. Tengo que decirlo: se me fue un poco la pinza zampando y lo pagué al día siguiente con vómitos, pero nada nuevo bajo el sol. Esta vez me lo merecía por listo.

Esos días el doctor Sanz se mostró algo más optimista, y eso me subió mucho la moral. Tanto que en Nochevieja, aunque cené con mis padres, cogí el coche y me acerqué a la granja de los Taberner para celebrarla también con mis amigos, que estaban allí de fiesta.

Y por una vez, el año empezó bien. 2015 arrancó rompiendo la tradición. El día 10 de enero incluso me atreví a irme con Cubells a tomar algo a la playa de la Malvarrosa. Mis padres estaban felices de pensarlo, pero no iban a librarse de un nuevo disgusto, claro. Justo ese mismo día, mientras yo estaba en la playa, les llamó la policía: Ángel, que ya había vuelto de Irlanda, iba camino del Hospital General con el codo roto por varios sitios. Necesitaba una operación complicada que no podían hacer de urgencia. No me quiero imaginar la cara de mis padres. Al final, volvieron a casa con Ángel y con calmantes. Y a aguantar hasta quirófano una semana después.

Yo creo que, a esas alturas, y salvo un posible armagedón, para mis progenitores casi todo debía de ser pan comido.

El mismo día que operaban a Ángel, a mí se me torció el cuerpo otra vez. Empeoré de una cistitis y acabé de nuevo en la Fe. Gracias a Dios, Ángel pudo irse pronto de alta, porque lo mío ese día fue un episodio de dolor brutal. De los peores que recuerdo. Con muchísimos problemas para sondarme y un dolor insoportable. Creo que grité más que mi madre cuando le dieron un premio a Julio —enseguida os lo cuento—. La pobre, viendo la situación, llamó a David Vera, el marido de una amiga suya que controlaba de este tema, y lo sacó de misa en San Josemaría. Se vino corriendo al hospital, entró, vio la escena y dijo clarísimamente que no me sondaran.

A partir de ahí, la tortura fue distinta pero constante, porque tenía que orinar cada treinta minutos como un reloj. Cuando por fin confirmaron que era el virus BK, el tratamiento fue tan básico como desesperante: beber y orinar, beber y orinar. Hubo un episodio con sangre en el baño que me ahorro contaros por lo desagradable del espectáculo. Y, por si fuera poco, también estaban pendientes del estómago: ¿CMV o injerto contra huésped? Vamos, que iba con un pack gástrico-intestinal completo.

Y entonces, redoble de tambores... llegó una tregua. Si cerráis los ojos, igual hasta escucháis la ovación. Sí, señores: empecé a mejorar. Poco a poco. En marzo incluso pude hacer algo de deporte. Ya ni me acordaba de lo que era eso. Ese mes por fin volví a saborear una vida relativamente normal. Recuerdo especialmente una cena con Dani, Pablo, José Luis, Carlos Die y Álvaro, con alguna novia también. Qué bien me vinieron aquellos ratos.

Capítulo aparte merece mi visita, a finales de marzo, a mis antiguos compañeros de Medicina. ¡Momentazo! Entro a mitad de una clase, sobre las once y veinte, y me disculpo con el profesor, que obviamente no tenía ni idea de quién era yo. En ese instante, toda la clase se pone a aplaudir. El profesor, flipando. La delegada se acerca con un ramo de flores, una bata firmada por todos y un reloj con una inscripción: «Las personas podemos llegar a unos límites insospechados».

Me sentó tan bien aquello que, en la revisión del día siguiente, todo salió perfecto. Tan perfecto que no me citaron hasta un mes después. ¡Un mes! ¿Os lo podéis creer?

¿Qué hice? Pues en cuanto salí del hospital me fui con mis amigos a Alicante a echarnos unas risas. Y bien que nos las echamos.

Fui cogiendo ritmo. El 4 de abril celebré con antelación mi cumpleaños en casa, porque el 11 iba a estar en Torreciudad. Vinieron los de Dardo: Jesús, Arturo,

Joseph, Dani, Santi, Jordan y Javier. Fueron unas semanas de margen y de descanso mental.

A mediados de mayo volvieron a llamar a la puerta algunas señales de desgaste de mi chasis que afronté lo mejor que pude. Me fastidió no poder asistir a la entrega del Premio a la Excelencia Doctor Pellicer, que había ganado mi hermano Julio en la Jornada Matemática. Lo que no me perdí fue la discusión posterior en casa sobre si mi madre había gritado o no cuando dijeron «Julio Ribera», a pesar de estar avisada de que se controlara. Qué risa. Ella lo negará siempre, pero todos sabemos que gritó. Hasta yo la escuché desde la cama, a kilómetros de distancia...

¡Ah! Aunque no es lo mismo, yo también tengo mi medalla, ¿eh? Poco después gané el premio de fotografía de Mainel con una fotaca. La calle San Vicente, en blanco y negro. Fotaca de verdad. A ver si la encuentran y os la ponen para que veáis que tenía algo de talento con la fotografía.

El verano no fue del todo mal. Yo deseaba una tregua parecida a la de dos meses atrás y en parte la tuve. Mis padres se fueron de viaje con mis hermanos a Andorra, pero yo tenía convivencia. La hice en el Colegio Mayor Alameda. Lo sé, no es el mejor sitio para agosto —Valencia en verano es un horno—, pero el Señor sabe hacer bien las cosas. Allí pude asentar mi compromiso con la Obra, conocer gente nueva, pasarlo muy bien y también descansar. Eso sí, reconozco que cuando me contaban cosas de Andorra, se me ponían los dientes largos. Claro que el que quiere algo, algo le cuesta, y ya sabéis a Quién quería —y quiero— yo.

\* \* \*

Hasta entrado el verano, a aquellos días de mayo les siguieron muchos otros marcados por fuertes dolores de cabeza, en los que Jorge apenas podía levantarse. Así lo recuerda su madre en sus anotaciones, y solo he encontrado una excepción en medio de aquella sucesión de agrias jornadas: el día en que Jorge acompañó a Guillermo, hijo de Pedro Ortega y Susana Martínez, en su primera comunión. Pedro y Susana no son unos conocidos más, sino amigos íntimos de la familia, de esos que se vuelven casa propia con los años. Jorge los quería como familia y habría hecho cualquier cosa por ellos. Por eso no quiso faltar a la primera comunión de su «hermano» Guillermo. Aquel esfuerzo —en cierto sentido doméstico, porque son vecinos—, quedó anotado en las libretas de su madre como un gesto valiente, dadas sus circunstancias.

Sobre lo que acabamos de leer en la narrativa de Jorge, me gustaría señalar su capacidad de percibir cómo estaban los demás.

Su hermano Julio me entendió a la primera cuando le pregunté por esto y me contó una anécdota que lo explica bastante bien. Fue precisamente cuando Ángel se acababa de romper el codo. Entre aquello y el cáncer de Jorge, sus padres vivían entre hospitales. Un día, estando los cinco en casa, prepararon unas gambas al ajillo y, al servirlas, dijeron que las dos últimas eran para los enfermos, Jorge y Ángel. Pero Jorge se adelantó y pidió que la suya fuera para Julio. Dijo que allí había mucho enfermo y que a Julio no le hacía caso nadie. Julio reconoce que en aquel momento era un crío y, en situaciones así, a veces uno se siente invisible. Se le quedó grabado que fuera su hermano Jorge quien se diera cuenta de que también él necesitaba atención.

Al revisar todo el material hasta las fechas en las que estamos en la narración, hay algo que me ha llamado mucho la atención y que no quiero dejar pasar: la presencia constante y silenciosa de Ángel, el pequeño de los tres. Soy hijo y padre de familia numerosa y me hago una idea de lo complicados que debieron de ser aquellos años para él. Un hermano con leucemia y recaídas, que lógicamente concentraba gran parte de la atención familiar. Otro hermano brillante, con medias de diez, premios académicos, un talento precoz para la magia y una empresa montada en plena adolescencia.

Yo, en su lugar, probablemente habría metido la cabeza bajo tierra para pasar sin pena ni gloria. Y sin embargo, Ángel está ahí: en los recuerdos, en los escritos, siempre presente, aunque sin ruido ni reclamando foco. Y él sí era un crío.

Esto nos pasa a los que no ganamos premios extraordinarios, que nos cuesta más dar la nota, aunque siempre nos quede la opción de rompernos un codo. Ángel, yo también lo habría hecho.

Junio de 2011. Con Benedicto XVI

Mayo de 2013. Graduación del colegio El Vedat

Junio de 2013. Viaje a Toledo con la familia

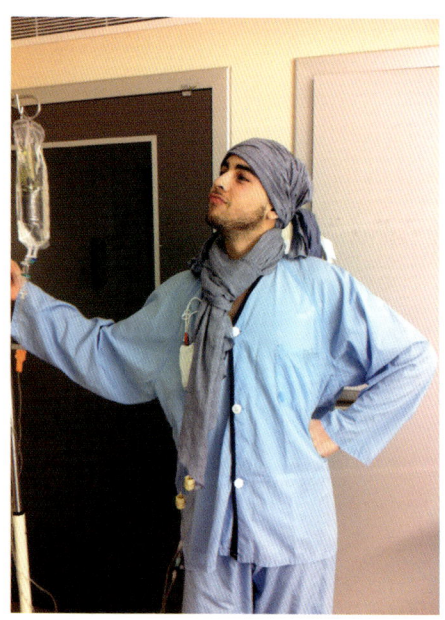

Octubre de 2014 en el Hospital La Fe de Valencia

2015. Foto de Jorge ganadora del premio de fotografía
de la Fundación Mainel

2016. Vídeo con
Bertín Osborne
para recaudar fondos
para una investigación
del CIMA

Vídeo dedicado a Jorge
de Maki, una niña que
afronta con valentía una
enfermedad rara

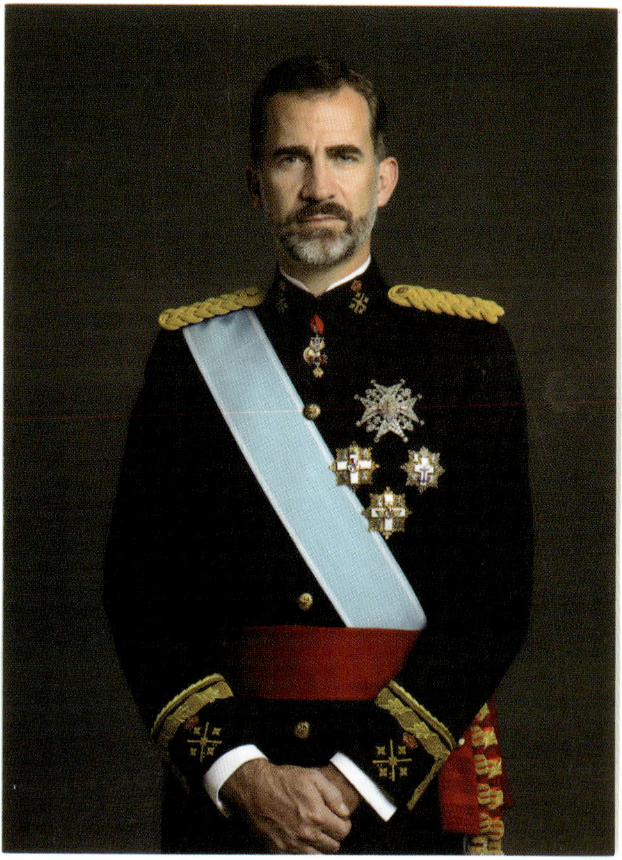

Con mucho afecto

Felipe R

Marzo de 2016. Foto y carta de apoyo a Jorge de S.M. Felipe VI

CASA DE S. M. EL REY

EL JEFE DEL GABINETE DE
PLANIFICACIÓN Y COORDINACIÓN

Palacio de La Zarzuela
Madrid, *23* de marzo de 2016

Estimado amigo:

Me es grato enviarle, con un cordial saludo, la adjunta fotografía de Su Majestad el Rey para Don Jorge Ribera Sempere.

Su Majestad me ha encargado que, en Su nombre, transmita a Jorge Su ánimo por los difíciles momentos por los que está pasando y Sus mejores deseos para el futuro, en la confianza de que verá pronto superadas todas sus dificultades.

Le saluda atentamente,

EMILIO TOMÉ DE LA VEGA

Febrero de 2017. Chuletón con Tono de Hevia donde Jorge
y él deciden hacer el salto con paracaídas

Vídeo del salto

Julio de 2017. Salto de Jorge

Marzo de 2018. Viaje a Tierra Santa. En el lago Tiberiades

Marzo de 2018. Viaje a Tierra Santa, a orillas del Tiberiades

Marzo de 2018. Viaje a Tierra Santa. Jorge con sus padres
y hermanos en el Monte de los Olivos, con Jerusalén al fondo

Marzo de 2018. Viaje a Tierra Santa. En Jerusalén

Agosto de 2018. Viaje a Asturias con la familia

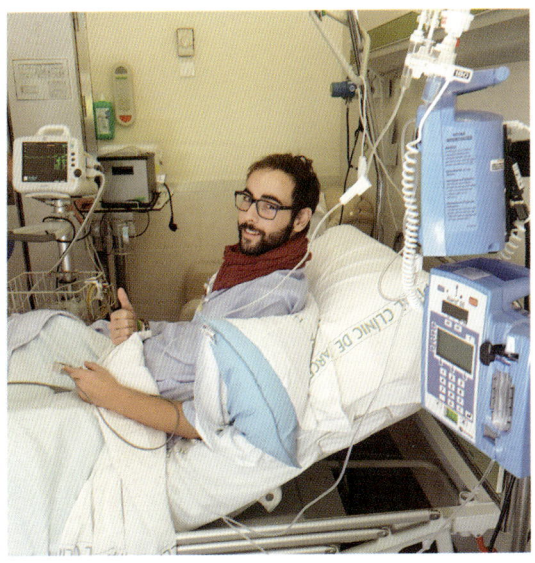

Noviembre de 2018. En el Clínic de Barcelona,
infusión de CAR-T cells

Don Jorge Molinero administra la unción de enfermos
a Jorge. 13 de abril de 2019

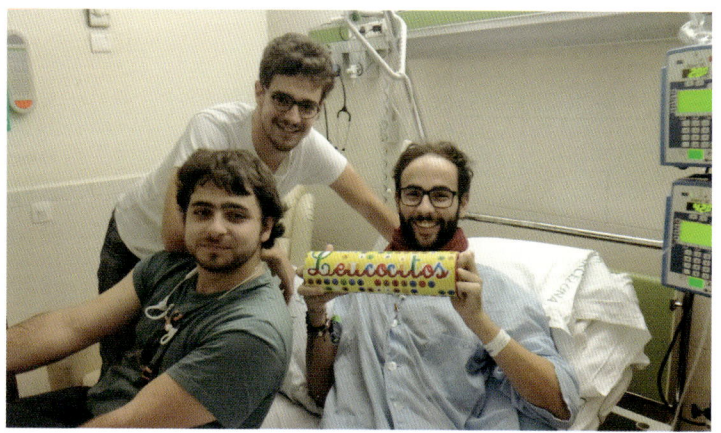

Abril de 2019. En el Hospital Vall d'Hebron (Barcelona)

Amigos de Hakuna Barcelona cantándole la canción
«Así es George» en Valencia

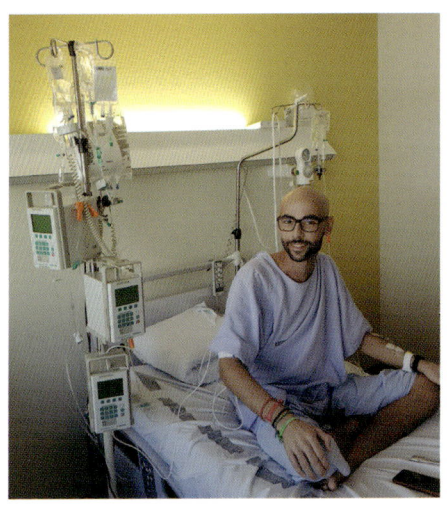

Octubre de 2019. En el Hospital La Fe (Valencia)

25 de octubre de 2019. Visita de la Virgen
peregrina de Torreciudad

1 de marzo de 2020. Exterior de la Parroquia de San Josemaría. Adiós a Jorge antes de partir el coche fúnebre

1 de marzo de 2020. Funeral de Jorge en la Parroquia San Josemaría de Valencia

Más información, documentos, vídeos
y fotografías sobre Jorge Ribera en:
www.jorgeribera.com
y en sus redes sociales

# 12. Contra todo, la esperanza (2016)

Arrancamos septiembre con una pequeña bronca, porque mi madre me pilló dándole una calada a un cigarro. Esta vez hubo amenaza incluida: la de no acompañarme al médico nunca más. Un bajonazo, más por el remordimiento que por la bronca en sí. Y tampoco es que fumara de verdad; era más bien un acto de rebeldía absurda. Hay que ser burro, porque no tenía ningún sentido. Una chorrada, así de claro. Y ella tenía más razón que un santo. Podría haberme enganchado en serio y mi cuerpo no estaba para trotes experimentales. Así que ahora sí, no me quedó otra que dejarlo en serio.

Antes de Navidades ampliamos nuestros estudios en traumatología: Ángel volvió a lesionarse, esta vez rompiéndose el radio del brazo. Nochebuena en Banyeres, Nochevieja en casa. Me habría gustado ir a Dardo a las campanadas, pero me pasé la noche vomitando hasta las seis de la mañana. Con toda seguridad, la peor Nochevieja de mi vida. Toda la noche abrazado a un váter. Súper romántico.

Por supuesto, el día 1 de enero amanecí hecho trizas. Intenté volver a los clásicos propósitos de comienzo de año, a mis rutinas, pero una sensación conocida empezaba a rondarme la cabeza. El miedo, aunque pensaba que fuera lo que Dios quiera, otra vez se hacía palpable.

Y fue lo que Él quiso, porque el 27 de enero de 2016, en una revisión rutinaria, cuando parecía que volvía a remontar, volvieron a aparecer células malas en la sangre. Tercera recaída, cuarta leucemia.

Ese mismo día por la tarde me fui con los niños a los que preceptuaba en Dardo. Los necesitaba como el respirar. En el coche de vuelta ya no pude más y me derrumbé solo. Lloré a gusto todo el camino. Al llegar a casa, intenté disimular antes de entrar: respiraciones profundas, mangas del jersey para secarme la cara y el moquillo, pero mis padres se dieron cuenta. Ellos siempre se daban cuenta.

A la mañana siguiente del nuevo batacazo necesitaba seguir con mi terapia personal, así que me fui al colegio Madre Petra, donde había hecho las prácticas. Eran niños de clase social desfavorecida, y de muchas razas, que me tenían ganado el corazón. Les llevé chuches y un cepillo de dientes a cada uno, para compensar. Cosas mías. Os prometo que estar con ellos me curaba por dentro, hasta el punto de que esa misma noche vinieron veinticinco chavales de Dardo a casa. Una marabunta. Mis padres, felices, hicieron pasta para todos. Los niños se lo pasaron bomba y yo más que ellos.

El 1 de febrero el doctor Sanz nos dijo que había que empezar con quimio mientras esperábamos un medicamento nuevo: el blinatumomab. Lo decidió siguiendo también el consejo del doctor José María Ribera, una eminencia en hematología del hospital de Badalona. El plan era sencillo: primero quimios para rebajar la enfermedad y después veintiocho días seguidos de tratamiento con ese nuevo chute.

A mediados de febrero, para cuando Ángel cumplía los 15, llegó la medicación. Ese mismo día, antes de empezar la batalla, quince amigos de Medicina se plantaron en casa para desayunar conmigo. Había que coger fuerzas. Luego nos fuimos otra vez al colegio Madre Petra. Aquello fue un bálsamo. Nada más entrar, algunos niños gritaron: «¡Maestro!» y se pusieron en fila para darme un abrazo. Con eso encima, como podéis imaginar, me sentía capaz de todo. Me fui al tratamiento como si fuera un Avenger. Esta vez aniquilaría al bicho, ya y para siempre, como decía mi madre.

Al día siguiente ya necesitaba morfina. Al otro, morfina por duplicado. Podemos decir que en un par de días dejé de ser un Avenger. Volvieron los sudores nocturnos y los cambios de sábanas tres o cuatro veces cada noche. Volví a desesperarme. Que, por cierto, es pecado grave, aunque el cura me dijera en confesión que, en mi caso, era leve.

A los quince días nos dejaron ir a casa, aunque seguiría el tratamiento en el hospital de día. Ahí me di cuenta de lo especial que era mi caso, porque tenían que consultar protocolos cada vez que me hacían algo. Me reconocieron que yo era el cuarto paciente al que trataban con esa medicación. Muy mal rollo eso de hacer de cobaya.

Yo me paseaba con el blinatumomab ese colgado del brazo, y de ahí salió una de las historias más surrealistas que viví esos años. Unos meses antes me había puesto en contacto con Tono de Hevia, el tío de una niña llamada Lucía a la que le habían diagnosticado un tumor cerebral. Él había hecho un vídeo que se viralizó con el hashtag #yorezoporlucia, con dos millones y medio de visitas y un montón de famosos participando, y nos hicimos amigos después de quedar a almorzar.

Desde el CIMA, el Centro de Investigación Médica Aplicada de la Universidad de Navarra, nos propusieron hacer una campaña para sensibilizar sobre la donación de médula y recaudar fondos para un proyecto de investigación de un tipo de leucemia que, la verdad, ahora no recuerdo. Tono pudo contactar con el hombre del momento porque había participado en el vídeo de su sobrina, el presentador del programa más visto de la tele entonces, *En tu casa o en la mía*, Bertín Osborne.

Aprovechamos que venía a un concierto en el Palacio de las Artes para grabar el vídeo antes. Bertín se retrasó y llegó con el tiempo justo, así que echaron de la puerta del camerino a toda la familia y amigos que iban a saludarle, y nos quedamos solo nosotros.

El camerino tenía dos estancias. Estábamos esperando cuando Bertín salió abrochándose la camisa. Me miró con cara de susto. Normal, porque yo llevaba la mochila con mi blinatumomab colgado del brazo y no estaba precisamente en mi mejor momento. Aquí hago un alegato en defensa de Tono: cuando dijimos que sí al plan, no imaginábamos que ese día yo estaría así, ni él me había visto con este tratamiento, pero no íbamos a tener una oportunidad mejor.

Por cierto, que demostré mis pésimas cualidades como actor. Bertín, al verme, le soltó a Tono un cariñoso «hijo de...» y luego se portó de diez. Se aprendió el guion en medio minuto y lo clavó. Tampoco es que fuera muy largo, pero yo fui un desastre total. Al final se recaudó lo suficiente para que pudiera salir adelante un estudio.

* * *

«Virtud teologal que consiste en una disposición interior por la que la persona, aun en medio de la dificultad, confía y se orienta hacia un bien futuro posible». Así es como el diccionario que tengo en casa define la esperanza en su acepción de virtud. Luego se mete en rollos etimológicos y termina: «no como evasión del dolor, sino como una confianza que sostiene y da sentido incluso cuando el camino se vuelve oscuro».

Me sorprendió, y me alegró, que Jorge intentara escribir un libro. De verdad que lo empezó, aunque se quedara muy al principio. Lo tituló *El pasillo blanco*, y con eso ya se puede intuir por dónde iba: el pasillo, los niños, el cáncer. Para resumir otra de las suyas, os propongo un juego. Os traslado parte del texto y elimino la última palabra, dejando que cada uno intente acertarla:

«Y al acabar lo que allí tenía que hacer, al volver a ese mundo que nos pertenece, que les pertenece también a ellos, me doy cuenta de que deberíamos tener más presente lo importante de esa infalible y eterna compañera que siempre camina junto a nosotros, dispuesta a seguirnos allá donde vayamos, la...».

¿Qué habéis pensado? ¿La muerte? ¿La Dama de la guadaña? ¿Como si no hubiera escapatoria? Porque es lo que me vino a mí a la cabeza. Pues él escribió: «la esperanza». Ahí queda eso.

Al hilo de esto, en una carta que envió a la psiquiatra Marian Rojas tras una conferencia que ella había impartido —y en la que hablaba precisamente de la esperanza—, Jorge escribió: «Quiero que sepas, desde el punto de vista de la experiencia, que yo he tenido la oportunidad de vivir todo lo que dices. Y aunque el pronóstico es feo, voy a seguir luchando. Pero en el caso de que mi cuerpo no resista la lucha, creo que he tenido una vida más plena que mucha gente que fallece a los 80 o 90 años, pues he tenido una familia excepcional, muchos y muy buenos amigos, he vivido muchísimas experiencias fantásticas, he podido sentirme muy querido y he podido querer mucho. Así que, sin más, gracias, gracias y gracias».

Durante el tratamiento con blinatumomab, su madre anotó en uno de sus cuadernos: «Desesperado, me decía que tenía ganas de estar bien, de escalar, de filmar una película, de hacer fotografías».

En sus propias anotaciones, el día de la tercera recaída, Jorge escribió: «Si el Señor quiere que me muera ahora es porque seguramente luego me iba a descarriar».

Todo esto no se aprende con técnicas ni se entrena. Como virtud teologal, la esperanza, al igual que la fe y la caridad, es un don que solo Dios puede infundir a través de la gracia.

Sobre lo de Bertín Osborne, habréis adivinado que quien estaba al otro lado de la cámara en la campaña del CIMA era quien escribe estas líneas. Confieso que lo pasé mal. Sabía que Jorge no estaba bien en ese momento, pero él no te dejaba colgado ni así. Su capacidad de compromiso me volvió a dejar descolocado. Cualquiera en esas condiciones se habría quedado en casa.

Tuvimos que repetir varias tomas porque le entró uno de esos ataques de risa nerviosa que te dan cuando eres niño. Luego nos reímos a carcajadas en el coche recordándolo. Yo sabía que se encontraba fatal. Desde ese día pasé del aprecio a la admiración.

En cuanto al tabaco, desde entonces dejó de fumar, aunque muy de vez en cuando se permitía algún pitillo en ocasiones especiales.

# 13. Una vez más, levantarse

Coincidiendo con la publicación del vídeo con Bertín, terminó el nuevo tratamiento. Estábamos atacados, porque de los resultados dependía entrar o no en trasplante. Y como en las buenas películas, cuando parece que todo va a resolverse, ¡zas! Giro de guion. Rebeca nos dijo que los resultados del aspirado no servían porque la médula había salido contaminada con sangre periférica. No valían y no tendríamos los resultados hasta después de Fallas.

El 22 de marzo repetimos otra mañana interminable. Malé nos comentó que había poco grumo. Traducido: nada claro. Y por fin, justo antes de comer, suena el teléfono: «No hay blastos». Corrijo: «¡NO HAY BLASTOS!», en mayúsculas. Faltaba todavía la EMR, pero aquello era un notición.

Entraríamos en trasplante a primeros de abril. ¡Toma ya! Antes, eso sí, tocaba baño de realidad con el doctor Montesinos, tan directo, como siempre:

—Es joven, pero sabemos que va mal porque no para de volver. Aun así, la política del hospital es intentarlo.

La del hospital y la mía, porque yo no pensaba rendirme. Eso lo tenía clarísimo.

El 5 de abril ingresamos para el trasplante. Antes, obviamente, pasé por el «quiosco» —así llamábamos al confesionario a veces—. De hecho, pasamos toda la familia por allí. Lavado de alma con don Jorge Molinero y unción de enfermos para un servidor.

Hospital y *déjà vu*. Ya os sabéis el esquema: cinco primeros días de quimio, temblores, sudores, y ese «bla, bla, bla» que he repetido tantas veces ya. La quimio esta vez fue algo menos fuerte, por mi exceso de toxicidad acumulada. Y en medio de todo, mi cumpleaños. Veintiuno al canto. Sin fiesta, pero me conformaba con cumplirlos y un «cumpleaños feliz» en tono bajito para no molestar al resto de pacientes. Mejor imposible, y confirmado: los globos, las tartas y las velas están sobrevalorados. Nada como una *rave* con pijama hospitalario.

Recuerdo haber pensado muchas veces que daría hasta el último aliento luchando, pero también recuerdo que no me veía con fuerzas para volver a repetirlo muchas veces más. Esta vez tenía que ser la definitiva o...

O nada, porque entonces aparecían unos treinta amigos del colegio y de Medicina, con una pancarta enorme, y se me iba de la cabeza cualquier pensamiento de rendición. Lucharía todas las veces que hiciera falta. Por ellos, hasta el infinito.

El segundo día D llegó el 13 de abril. Mi hermano Julio, puntual, a las ocho y media de la mañana, otra vez para regalarme médula. Lo conectaron a la máquina hasta la una y media. Luego me tocó a mí. Infusión y de nuevo un largo aislamiento. Podría hacer un copia y pega del primer trasplante, pero os lo resumo con tres pinceladas: morfina, dolores y, lo peor de todo, ver sufrir día tras día a mi madre. Ojalá me hubieran dejado pasarlo solo, para evitarle el trago. No lo digo en serio, sé que mi padre tampoco estaría mejor esos días sin poder estar allí conmigo y con mi madre.

La veo sentada a mi lado. Intento hacer con ella todas mis rutinas del plan de vida que no puedo excusar ni en aislamiento: oración de la mañana, de la tarde, comunión, rosario, lectura espiritual. Mis padres y yo compartíamos vocación, aunque la mía incluyera el celibato y la suya no. Eso me facilitaba mucho seguir el ritmo porque nos ayudábamos mutuamente, y algo tan sencillo como rezar el rosario, a mí me resultaba mucho más fácil si era acompañado, y no digo ya en familia. Rezar el rosario es otra cosa que recomiendo y que además, si cumples unas pocas condiciones, te permite ganar indulgencia plenaria[8].

Hablando del Opus Dei, nos llegaban noticias del Padre a través del hermano de Rafa Gisbert. Esas cosas sí que me molaban. ¿De primera mano y a alguien como yo? ¡Buah!

Y como anécdota, algo que sucedió con mi madre. Un día entró una mujer de la limpieza tosiendo. Mi madre le pidió la mopa y le dijo que se fuera. La mujer le comentó que con mascarilla no pasaba nada. Careto de mi madre, pero no cedió. Estaba incrédula. Yo me hice el dormido y, efectivamente, mi madre la echó de la habitación.

---

8 Remisión total de la pena temporal debida por los pecados ya perdonados en confesión. Para obtenerla se requiere: confesión sacramental, comunión eucarística, oración por las intenciones del Papa y desapego interior de todo pecado, incluso venial, además de realizar la obra prescrita (en este caso, el rezo del rosario en familia).

Luego se calmó y agachó la cabeza en la silla. Ella creía que no la oía porque seguía durmiendo, pero susurró:

—Cúrale... cúrale...

Y se quedó repitiendo, una y otra vez:

—Ya y para siempre... ya y para siempre... ya y para siempre...

Morfina a 0,5.

Morfina a 1.

Morfina a 1,5.

Mi boca es enteramente una llaga. Intento no generar saliva porque tragar es una tortura. Tiro de mi lista mental de nombres cada vez que tengo que hacerlo. Aparecen úlceras por el cuerpo. Transfusiones. Sangre. Plaquetas. Muchas perrerías. Y no quiero tostaros, pero añadir un mareo de los serios. Con este pensé que me iba. Dijeron que había sido una reacción alérgica a la morfina y no me quedó otra que aceptar con deportividad esa respuesta, y el vahído que me generó.

En la semana posterior al trasplante, mi cuerpo no respondía como la primera vez, así que todo se duplicó: más sangre, más plaquetas. Eso no me molestaba, lo que me tenía amargado era la boca. Tenía las encías tan rojas que prefería no mirarme al espejo. Solo comía *flashes*[9].

Y ahora otra anécdota con mi madre de por medio.

De este segundo trasplante, la que casi no sale viva es ella. Mi madre estaba en el baño cuando a mí me llegó una notificación: me había tocado una tablet–ordenador de Microsoft. En mi defensa diré que no esperaba una de cal —aunque fuera esa chorrada— después de tantas de arena, así que pegué un buen grito de alegría. No pensé que podía provocar un infarto, pero mi madre salió del baño con una taquicardia que casi la mando al otro barrio. Perdón, mamá.

Me sube la bilirrubina. Ay, me sube... No, no sigas con la canción, porque eso hacía que no bajara el rojo de mis encías, empeorara la gingivitis y siguiera la fiesta de las transfusiones: plaquetas, sangre, y vuelta a empezar.

Mi madre seguía muy agobiada. Para una oportunidad que tuvo de salir del aislamiento para acompañarme a una resonancia, decidió no venir. Prefirió quedarse antes que arriesgar y llevarse cualquier virus de vuelta a *la suite del resort*. Y probablemente

---

9 Se refiere a un tipo de polo o helado alargado popular en España, que es básicamente hielo con sabor y azúcar, servido en un envase de plástico.

tenía razón, porque un servidor no podía estar más inmunodeprimido, con la ciclosporina a 60.

En el día +10 el médico nos dijo que habían aparecido treinta neutrófilos. Pocos, pero suficientes para indicar que la médula empezaba a asomar. Aunque yo siguiera con la boca destrozada, la gingivitis a lo suyo y encima esa noche empezara con espasmos muy fuertes.

—Es buena señal —dijo él.

Vale, si tú lo dices.

Ahora en serio, es muy curiosa esta enfermedad: cuando empeoras, a veces es bueno. Y cuando estás demasiado bien, empiezan a preocuparse. Igual en vez de «Ya, y para siempre» debería haber titulado el libro: «Vivir en la paradoja».

Que no se me olvide. Me llevé un disgusto muy grande cuando me dijeron que Samuel, mi médico residente, terminaba la residencia y se iba a trabajar al hospital de Castellón. Le había cogido mucho cariño. Si lo veis, podéis decirle que hasta se me escapó alguna lagrimilla con esa noticia. Me fui al baño a lavarme la cara, que estaba llena de granos, y le dije con los ojos vidriosos a esa jeta mía llena de acné que se reflejaba en el espejo: «Voy a echarle de menos». Buen tío, Samuel.

Me llegaban mensajes de toda España. Yo flipando, porque tenía rezando por mí a un ejército de *Smile Soldiers*. Cambié el nombre del perfil de Twitter y lo llamé *Suite del Resort*, y fui contando mi evolución. Fue una pasada. Me sentía súper querido y súper arropado. Seguro que alguno de los que rezasteis entonces estáis leyendo esto. Un secreto: os quiero. Mi lista de intenciones creció con vosotros y os aseguro que me ayudó a llevarlo mejor.

Hasta el arzobispo de Toledo me nombró y ofreció una misa por mí. ¿Os lo podéis creer?

Neutrófilos: 7.000.

Hemoglobina: 9.

Leucocitos: 12.000.

No tenía mucha idea de lo que significaban exactamente esas cifras, pero pregunté: «¿Salimos del aislamiento?». Pues va a ser que no.

Javi Bello me trajo como medicina un vídeo grabado por los amigos. Me atreví con dos zumos de una sentada y con media rebanada de pan de molde. Ahí queda eso, y después de veinticuatro días ingresado, me dieron el alta. Ahora sí.

Esta vez tenía que ser la definitiva y me tomé media dorada a la sal cuando llegué a casa. Error, Jorge, error. No corras tanto. Abrazadito al váter otra vez.

Debería estar feliz, pero tenía mucho miedo. Esa noche, ya en casa, llamé a mi madre haciéndome el remolón y se quedó a dormir a mi lado. Seguro que ella pensó que había sido idea suya, pero después de dos aislamientos, sabía perfectamente cómo manejarla. Ya veis, deberíamos estar hartos el uno del otro después de tantos días encerrados en la misma celda, y ahí otra vez. De la mamitis no se cura uno ni aquí arriba. De la papitis tampoco.

Y otra vez el hospital de día postrasplante. Primer día caótico, para olvidar. Se rompe el coche, aparece la grúa y un circo que debía ser cómico, aunque sinceramente no recuerdo que nos riéramos. Yo seguía muy débil.

Eso sí, pronto la cosa cambiaría. Cortesía de las hamburguesas, el pollo, el arroz de papá, y hasta un poco de ternera los días siguientes. Todo eso tuvo la culpa de que Jorge —yo— empezara a recuperar fuerzas, aunque siguiera necesitando la silla de ruedas en el hospital de día.

Me confieso con don Javier Santos. No penséis que no se puede pecar en un aislamiento. La cabeza juega malas pasadas. A veces, aunque quieras dominar tus pensamientos, te vienen otros que no ponen contento al de arriba. Ya sabéis, mejor cortar a tiempo y no dejar vagar a la mente por lugares por los que no debe estar.

De penitencia, otra maldita fisura y problemas serios con un riñón. El doctor Lorenzo decide subir corticoides. La fisura me mete miedo con la comida. Un miedo que me gana tras una noche de dolor abdominal de narices que acaba en Urgencias a las tres de la mañana. De vuelta a los calditos. Y vuelvo a llorar desesperado.

Me suben los corticoides a 160 mg diarios. Las transaminasas pasan de 300, lo que viene a ser una sospecha clara de EICH[10]. Una semana después bajan a 50 para ver si da la cara, y mejoro mucho. Había pasado lo peor.

Poco a poco vuelvo a la rutina. A cumplir mi plan de vida en su momento. Pensad que en el círculo[11] semanal se hace un examen de conciencia y la primera pregunta es: «¿He dejado de hacer mis oraciones acostumbradas fuera de caso de enfermedad?».

Para mí la oración es sagrada. Y muy especialmente en la enfermedad, porque me mantenía alerta.

---

10 EICH: Enfermedad de Injerto contra Huésped. Es una complicación grave, a veces mortal, en la que las células inmunitarias del donante atacan los tejidos sanos del receptor tras un trasplante de médula.
11 Reunión periódica de formación espiritual y doctrinal.

En pocos días me vengo arriba y me preparo otro examen. No de conciencia, el de moto. Mola, ¿eh? Esto se lleva en la sangre. En junio, con quinientos euros ahorrados, me compro una motillo —aunque haya que hacerle arreglos— y en julio hasta me atrevo con una acampada en Banyeres con los amigos. ¿Quién me lo iba a decir mes y pico antes?

A todo esto, la gente sigue rezando por mí. Me llegan mensajes de carismáticos, de las monjas de Iesu Communio... No me lo merecía.

A principios de agosto apruebo el carnet de moto. Qué sensación de libertad. Los moteros sabéis de qué hablo.

Estoy tan feliz ese verano que empiezo a hacer media hora de bici temprano, a las ocho de la mañana, todos los días.

\* \* \*

Estamos en el momento de mayor actividad de Jorge en redes sociales, coincidiendo con su perfil de Twitter «Aislado en mi suite (@SuiteDelResort)». Desde ahí, sin grandes estrategias ni intención de crear un movimiento, fue tocando a muchísimas personas. La periodista Mar Velasco, en un artículo titulado «El milagro fue Jorge», lo cuenta así: «Año tras año, se fue tejiendo una invisible red de apoyo y oración que partía desde aquella suite: los *Smile Soldiers*, el ejército de los orantes online, atentos a cada petición que salía del capitán. Cuando la leucemia comenzó a ganar terreno y la perseverancia de Jorge se resintió, los mensajes ya no llegaban "de su puño y letra", sino de mano de su madre, que se convirtió en la voz del hijo que se iba apagando, y de algún familiar que nos hacía llegar, generosamente, los partes médicos. Las peticiones de oración se incrementaban. Un día tras otro, hora tras hora, desde todos los rincones del mundo, se pedía el milagro, YA Y PARA SIEMPRE».

No era solo una cuenta que narrara su enfermedad, era un lugar donde muchos aprendimos a mirar las complicaciones de la vida de una manera distinta. Otra seguidora lo expresó así: «Para mí, leer a Jorge, muchos días significaba ofrecer un mal rato, un sufrimiento menor, renunciar a un capricho innecesario, esbozar una sonrisa en lugar de perpetrar un ladrido, abrir los ojos ante la gratuidad de lo verdaderamente importante. Para mí, los vídeos de Jorge eran la medicación invisible contra la angustia del mal inexistente, la transformación de la preocupación en agradecimiento, de la pereza en esfuerzo, de la comodidad en ejercicio de la voluntad. Recordar a Jorge era también apartar el móvil para mirar a los ojos a mis hijos, llamar a mis padres, agradecer a mi esposo, escribir a mis amigos, lanzar un propósito al cielo. Me consta que, gracias a Jorge, el sentir general es "él me ha hecho mejor persona". ¿Cabe mayor utilidad, mayor sentido para el sufrimiento?».

Todos esos impactos, esa perseverancia en las cosas pequeñas y ese orden interior, no eran casuales. Jorge los sostenía en algo que no era visible en redes y que él llamaba plan de vida, rutinas y prácticas espirituales. Otros lo llaman normas del plan de vida, disciplina personal...

Ya lo hemos comentado al principio del libro. Cuando Jorge habla de esas rutinas, se refiere a un plan de vida cristiano, propio del Opus Dei. No es una lista rígida ni mucho menos un sistema de control, sino más bien una guía para intentar vivir la fe con cierto orden y constancia en medio de la vida ordinaria. Cada uno la adapta según sus circunstancias. En la práctica, el plan de vida de Jorge incluía, entre otras cosas: oración mental diaria —normalmente por la mañana y por la tarde—, Santa Misa y Comunión siempre que era posible, lectura espiritual, rezo del rosario, examen de conciencia al final del día, dirección espiritual periódica con un sacerdote, un círculo semanal de formación cristiana, retiros mensuales y convivencias anuales. A todo ello le añadía alguna mortificación corporal, aunque en su caso ya iba más que servido.

Con la enfermedad, el aislamiento y la debilidad física, resulta obvio que tuvo que adaptar muchas de estas prácticas, pero nunca desaparecieron. Más bien todo lo contrario. Y otra vez puedo garantizar, después de revisar sus anotaciones y de hablar con quienes le acompañaron espiritualmente, que para Jorge —aunque por lógica no las cumplía a la perfección— esas normas nunca fueron una carga. De hecho las utilizaba, aunque por las circunstancias no las pudiera hacer como le gustaría, para mantenerse en pie interiormente cuando todo lo demás le estaba fallando. Una vez me dijo: «El peor rosario, el que no se reza».

No me quiero dejar en el tintero, referente a la iniciativa *Smile Soldiers*, que hasta la Casa Real se hizo eco, a través de su jefe de Gabinete, Emilio Tomé de la Vega. Jorge recibió una carta en la que se le transmitía el siguiente mensaje: «Su Majestad me ha encargado que en su nombre transmita a Jorge su ánimo por los difíciles momentos por los que está pasando y sus mejores deseos para el futuro, en la confianza de que verá pronto superadas sus dificultades».

La carta iba acompañada de una fotografía firmada por el rey. Obviamente, esto no es habitual, pero en el caso de que la Casa Real envíe una imagen, hay una oficial de los reyes. En esta ocasión, quisieron tener un pequeño gesto con los *Smile Soldiers* y la fotografía que eligieron era una del rey con uniforme militar, como si se sumara, simbólicamente, a aquel —ya no tan pequeño— ejército que luchaba con una sonrisa.

# 14. Prisa por vivir

De los meses siguientes y de ese final de año, recuerdo que fueron mis clásicos días de «dientes de sierra». Unos me encontraba razonablemente bien y en otros el cuerpo me volvía a poner en mi sitio. Tuve bastantes dolores de cabeza y había vuelto del verano viendo todo borroso. Acabé con gafas por astigmatismo, no fuera a ser que los oftalmólogos se quedaran fuera de esta historia.

A la universidad fui lo que pude. De verdad. Me habría gustado no faltar, pero había días imposibles. Tenía muchas ganas de que llegara enero porque empezaban de nuevo las prácticas y, a esas alturas, ya os imagináis que eso era lo que más me gustaba del mundo.

Las Navidades las pasé con dieta estricta y, como los comienzos de año parecen tener querencia conmigo, se repitió el clásico: urgencias, casa, casa, urgencias, hasta que acabé ingresado unos cuantos días. De nuevo en casa y, como regalo de Reyes, un gripazo me dejó fuera de combate justo cuando debía empezar las prácticas. Perdonad el dramatismo de mis eneros, pero es que no sé cómo contarlo con algo más de alegría, porque, para colmo, cuando por fin empecé mis ansiadas prácticas, el 25 de enero llegó la cuarta recaída.

Creo que esta vez fue quizá la que menos me afectó la noticia. Nos fuimos todos a comer al *Foster's* como si nada. Va en serio, como si no pasara nada. Y dos días después, estaba de nuevo con don Jorge Molinero para una nueva unción de enfermos. Hay que ver lo que me ayudó ese hombre.

El doctor Lorenzo nos planteó dos opciones: probar con quimios distintas para ver cómo respondía mi cuerpo o ir a un tratamiento experimental llamado inotuzumab. Yo escuchaba con una paz interior que no había experimentado hasta la fecha. Es verdad que llevaba tiempo leyendo libros de Jacques Philippe para hacer la oración y, sin ponerme flores, estaba fuerte espiritualmente hablando. Apuntad *La paz interior* y *La libertad interior* como libros de cabecera.

El tratamiento experimental fue ganando enteros, aunque mi madre, en su lógica de madre sufridora, no dejara de buscar opciones. Y cuando digo buscar, me refiero a algo parecido a entrar en bucle, porque se puso a investigar todo lo investigable. Creo que llamó a todos los hospitales de referencia en España, cruzó el charco hasta Estados Unidos, hizo alguna consulta en Inglaterra, e incluso llegó a hablar con la secretaria de la ministra de Sanidad. Y no porque aquí no se estuviera haciendo bien, sino porque necesitaba conocer todas y cada una de las alternativas posibles o no habría dormido tranquila.

La realidad es que era la primera que sabía que, como en La Fe de Valencia, no me iban a llevar en ningún sitio. Ella os puede contar que lo dieron todo desde el primer minuto, haciendo un trabajo de diez. Incluso cuando hubo que coordinarse con otros hospitales para los tratamientos experimentales, lo hicieron *cum laude*: llamadas, informes, decisiones rápidas... unos auténticos máquinas.

Y mientras ella nadaba para su tranquilidad en aquella búsqueda, llegó la aprobación del inotuzumab. Ahí sí lo teníamos claro: si iban a experimentar conmigo, preferíamos que lo hicieran en casa. Teníamos a La Fe, y teníamos —nunca mejor dicho— fe ciega en quienes ya estaban haciendo lo mejor posible por mí. Quedaba que ellos nos concretaran el hospital con el que coordinar el tratamiento.

A mí, mientras tanto, me entraron prisas por vivir. Empezó a rondarme la idea de que esta vez podía ser la última. No sé, quizá porque me encontraba en un buen momento con Dios y eso que se dice de que te llama en tu mejor momento... no sé. ¡Joroba!, que tampoco sabía cuánto me iban a tener encerrado con ese tratamiento y me quedaban muchos planes por hacer.

Quedé muchísimo con amigos: barbacoas, billar, dardos... Hasta un día me fui a probar un deportivo con Luis y Jorge. Llegaba de madrugada a casa en moto y mis padres ya no me decían nada. Creo que lo entendían y me lo pasaban todo por alto.

En esos días —primera semana de febrero— también buscamos mi anillo para la fidelidad (ya os lo explica Tono luego).

¿Habéis visto alguna vez a mi padre con cara de pocos amigos? Yo solo se la he visto en dos ocasiones: cuando se le quema un arroz con bogavante —es decir, nunca— y cuando la Agencia Española del Medicamento retrasa una aprobación porque el informe está en inglés y no en español.

Tocó esperar. Y mientras tanto, los valores de mi hígado decidieron dispararse. Volví a deslizarme por la pendiente de encontrarme peor cada día. Eso sí, nada de eso impidió que hiciera la fidelidad el 11 de febrero.

¿Os he dicho ya que mis amigos eran mi morfina?

El 13 de febrero íbamos a consulta cuando Marisa nos cazó por el pasillo:

—No os molestéis en entrar —nos dijo—. Ha llegado el inotuzumab. Mañana ingresáis.

Así que al médico ni lo vimos. Nos fuimos directos a lo importante: curas de las que de verdad curan. Misa, confesión, y para dentro, a la suite de mis amores, el 14 de febrero. San Valentín.

Qué ironía tan bonita.

\* \* \*

Su madre anota en sus cuadernos el día del cuarto diagnóstico: «Estaba especialmente sereno. Se acercó, me besó y me dijo: "Lucharemos como siempre. Y pase lo que pase, tenéis que estar tranquilos". Se preocupaba más por nosotros que por él mismo».

Cuando Jorge habla de la fidelidad, se refiere a un compromiso definitivo dentro del Opus Dei. Aunque no se trata de un voto religioso, sí implica una estabilidad real y duradera, y puede requerir una dispensa del Prelado si la persona decide dejar la institución. Es una adhesión libre, voluntaria, madura y profundamente pensada, que se traduce en perseverar en un compromiso con Dios, con la Iglesia y, de manera concreta, con la Prelatura. Suele formalizarse tras varios años de discernimiento y acompañamiento espiritual, porque no deja de ser un «sí» para siempre.

En el caso de Jorge, ese compromiso significaba vivir el celibato apostólico en medio del mundo, santificando el trabajo ordinario y la vida cotidiana, lo que, en esencia, define el espíritu del Opus Dei. En mi opinión, que eligiera dar ese paso en plena cuarta recaída, con un tratamiento experimental a las puertas y con un futuro completamente incierto, no tuvo que ser nada fácil. Pero fue, como casi todo en él, una afirmación muy serena de aquello que daba sentido a su vida.

Durante esos meses concretos que ha ido narrando, Jorge quedó con frecuencia con sus amigos del colegio El Vedat, un centro perteneciente a Fomento Centros de Enseñanza. Resulta llamativo que, al hablar con antiguos alumnos de este colegio, aparezca siempre un vínculo difícil de definir pero muy reconocible, casi familiar. Personas que quizá no se han visto nunca se tratan como si se conocieran de toda la vida, con un orgullo de pertenencia al grupo realmente sorprendente.

Jorge, en su vocación de profesor y durante sus prácticas en otros centros educativos, tuvo muy presente su experiencia como alumno del Vedat. Le preocupaba especialmente cómo trasladar ese clima humano y educativo a los colegios en los que trabajaba. Consideraba un valor añadido que la formación cristiana estuviera confiada al Opus Dei, algo que reflejaba en sus notas: la facilidad para contar con un confesor, un director espiritual sacerdote y la posibilidad de acudir a misa diariamente. Tiene muchos apuntes relacionados con la disciplina, el acompañamiento y las tutorías personalizadas, orientadas a hacer crecer al alumno como persona, y subraya en más de una ocasión esa relación entre antiguos alumnos, incluso cuando la diferencia de edad era enorme.

Para él, bastaba esta pregunta para que todo quedara claro: «¿Eres de Fomento?, ¿eres del Vedat?». Entonces, aunque fuera la primera vez que te veía, existía una certeza implícita: sé que me quieres y que me vas a ayudar. Jorge veía en ello algo muy especial, fruto de un proyecto educativo coherente, y le hubiera gustado poder exportarlo.

Se preocupaba mucho por estos temas. En sus anotaciones aparecen ideas concretas para enriquecer la vida escolar en el propio Vedat: incorporar nuevas actividades como teatro, fotografía o iniciativas vinculadas a las artes. Las pensaba como una forma más de educar la sensibilidad, el criterio y la libertad interior de los alumnos. Y perdonad, pero vuelvo a recordar que hablamos de un veinteañero.

# 15. Contra todo pronóstico

Como os contaba, el Día de los Enamorados comenzó mi relación con el inotuzumab. Eso sí, antes me cayó una intratecal habitual, no fuera a ponerse celosa. La cosa no pintaba bien al principio: los valores del hígado se disparaban, casi tanto como la bilirrubina, y nos dejaron claro que, o bajaban, o suspendían el tratamiento.

Aprendes a convivir con la incertidumbre cuando te abandonas en Dios. No sé si me entendéis. Aquello era terreno nuevo para todos y nadie sabía por dónde podía salir. Lo hablé muchas veces con mis padres: teníamos que estar preparados para cualquier escenario. Porque además, notaba que mi cuerpo me hablaba de una manera distinta.

Al final bajaron los valores del hígado y la bilirrubina, y pudieron seguir con la segunda dosis, aunque viniera acompañada de fiebres altas. Por piedad, y porque tampoco tenía mucho sentido seguir encerrado, en marzo me mandaron a casa a continuar con el tratamiento desde allí, después de la tercera dosis.

Para ver cómo iba la cosa, aspirado el 8 de marzo: no valorable. El día 9 de marzo hubo otro intento: tampoco valorable.

Y el doctor Montesinos, cristalino como siempre:

—Si a la tercera no se consigue, vamos a biopsia.

Adivinad. Fuimos a biopsia.

De vuelta a casa mandé a mis padres a cenar fuera. También tenían derecho a cuidar su relación. Yo me quedé en casa con mi nuevo síntoma: picores. Al principio llevaderos, pero llegaron a un punto en el que me habría rascado con una sierra eléctrica. Resultado: adiós cena romántica y al hospital todos juntos. Soy lo peor, ¿verdad?

Allí pasó algo curioso. El doctor Montoro, que estaba despistado con las analíticas, levantó la vista para mirarme y se puso de pie llevándose las manos a la cabeza. No es que me viera peor de lo esperado, sino más bien todo lo contrario: aquello era exactamente lo que estaban buscando, el EICH, el rechazo. De hecho, nos contó que el día anterior habían estado debatiendo si merecía la pena intentar un tercer trasplante. Las posibilidades de sobrevivir eran prácticamente nulas y no iba a curarme. Además no sería la médula de uno de mis hermanos. Vamos, que la idea que tenían era provocar el rechazo controlado para intentar alargarme la vida, y habían decidido seguir adelante, porque ya les había sorprendido para bien otras veces. Por decirlo en plan poético, aquellos malditos picores fueron la tabla de madera que encuentra el náufrago en mitad del mar. Y a partir de ahí, le tocaba a mi cuerpo intentar mantener el equilibrio sin excesivo rechazo, ni demasiado poco.

Empezaron a mencionar entonces las CAR-T Cells, de las que ya hablaré con detalle más adelante. El problema era que el blinatumomab era criterio de exclusión.

Yo pensaba: «¿Me dejarán en paz ya?». Pero quería seguir luchando y encontré a mi cómplice en el doctor Urbano. Si hacía falta, se saltaría el criterio de exclusión conmigo. No rendirse a veces tiene premio. Lo único, que había que controlar el EICH por encima de todo. Escuchar aquello hizo que rápidamente me encontrara mejor.

Con mi cara repleta de granos, me fui con amigos a comer al Osaka[12] para celebrarlo. Me llené de espe-

_____
12 Restaurante económico cercano a su casa regentado por una familia de nacionalidad china.

ranza otra vez y pensé en Semana Santa, Pascua, en Torreciudad. Mis planes volvían a tener futuro.

Y entonces, el 6 de abril, ocurrió algo que los propios médicos llamaron «pequeño milagro». El doctor Montoro se quedó a cuadros: ¡la médula salía limpia!

—No te emociones, que eres una bomba de relojería —me aclaró—. Puede volver en cualquier momento, y puede hacerlo con mucha fuerza.

Yo asentí, pero por dentro sabía que aquello era fruto de las oraciones del ejército de *Smile Soldiers*.

Arrancamos entonces una nueva campaña de donación de médula con un reto que llamamos *Flan Challenge*: comerse un flan entero de una sola absorción. Una tontería aparente para algo muy serio: concienciar y aumentar el número de donantes en el REDMO[13].

Mi 22 cumpleaños lo celebramos por fases: karts el día 8 de abril en Llosa de Ranes, paella de mi queridísimo padre el día 9 en casa con amigos, romería y Virgen de la Vega. Y para rematar, Tono me invitó a cenar un chuletón en el vasco Easo Berri. Esta es buena, porque entre bocado y bocado le conté que mis amigos estaban planeando un día de *puenting*.

---

13 Registro Español de Donantes de Médula Ósea.

Él, muy digno, me soltó que el *puenting* era cosa de nenazas, que lo suyo era el salto base o la caída libre. Que había oído de un sitio en Castellón. Pues bien, no supe lo que significaba la expresión «ponerse blanco» hasta que vi la cara de Tono cuando le suelto el clásico:

—No hay huevos.

Le costó tragarse el trozo de chuletón que tenía en la boca. Luego pasaron unos segundos, quizá dos tragos de vino más, sacó el móvil y dijo:

—Ahora mismo reservo.

* * *

Sobre el REDMO (Registro Español de Donantes de Médula Ósea) quiero añadir algo más. Está gestionado por la Fundación Josep Carreras, en coordinación con la Organización Nacional de Trasplantes, y se encarga de organizar y conectar a los donantes de médula ósea en España con pacientes de todo el mundo que necesitan un trasplante compatible. Actualmente, hay más de 480.000 personas inscritas en el registro español, integradas en una red internacional de más de 40 millones de donantes, lo que multiplica las posibilidades de encontrar compatibilidad para quienes no la tienen en su propia familia.

No todo el mundo sabe —y aquí está una de las grandes barreras— que donar médula no es donar médula espinal: no afecta a la columna ni al sistema nervioso, no deja secuelas y, en más del 80 % de los casos, se realiza mediante una extracción de sangre similar a una donación prolongada. Aun así, esta confusión sigue frenando a muchas personas. Si alguna vez te lo has planteado, sería bueno que acudieras al centro de referencia de tu provincia a informarte. Vale la pena. Campañas como las que impulsó Jorge ayudaron precisamente a romper ese miedo, a ampliar el registro y a financiar la investigación de algunas leucemias poco frecuentes.

Cambiando de tema, para entender la escena del restaurante vasco, cuando Jorge dice que «me pongo blanco», conviene saber algo: yo odio volar. Me subo a un avión por obligación, pero solo de pensar en una avioneta me tiemblan las piernas. Imaginad una compuerta abriéndose a 4.500 metros de altura... en fin. Así que es muy posible que no fueran dos vinos, sino cuatro, los que me envalentonaron por bocazas.

# 16. En el alambre (2017)

Saltamos. ¡Vaya si saltamos! Y con una caída libre de casi un minuto. Si no lo habéis hecho nunca, hacedlo. De verdad. Lo que nos pudimos reír en el camino de vuelta. Fue una experiencia brutal, un subidón radical, y también sin saberlo entonces, el preludio de una buena época dentro de esta década tan intensa que os estoy contando a modo de chapa traumática.

Lo dicho: vinieron más cosas buenas. Al final sí hice *puenting*, una salidita en todoterreno con Jorge Olivares, un viaje a Port Aventura… Fue un verano con los valores del hígado inestables, pero con una estabilidad emocional que se echaba de menos. Y encima, a la vuelta, Malé con buenas noticias: la médula tenía buena pinta. Para el doctor Piñana, incluso demasiado buena.

Esto es lo que os contaba antes sobre la importancia de que el rechazo no desapareciera del todo.

La idea era tenerlo, sí, pero controlado. Jorge, el funambulista, viviendo siempre en el alambre de la incertidumbre.

En octubre, mis padres celebraron sus bodas de plata en un día espectacular. Se lo merecían. Allí estaba yo, su primogénito, delgado, pero —y permitidme la licencia—, muy guapo. El rechazo había vuelto a asomar para bien, de forma controlada, y así cerramos el año con algo de inestabilidad y un tratamiento de fotoféresis durante un mes, pero lo suficientemente bien como para que —¡atención!, otro redoble de tambores— nos apuntáramos a un viaje a Tierra Santa. ¡Síííííííííí! Si todo seguía igual, iba a conocer Jerusalén.

Encima volví a las prácticas. Era la felicidad andante. Y esta vez no se fastidió el viaje, que seguro que era lo que estabais esperando. Todo lo contrario. El 11 de marzo partimos rumbo a Tierra Santa, en un viaje familiar histórico. Más de una semana. Estuvimos en todos los lugares donde había estado el Señor. No hace falta que los enumere, pero guardo un recuerdo especial, grabado a fuego, de una misa privada, en *petit comité*, que celebró don Jorge Molinero en el lugar donde nació Jesús. Donde habría estado el pesebre. No os lo creéis, ¿verdad? Yo, que ya no debería estar en esta tierra, estaba allí. Donde empezó todo. Donde empezó la redención.

El mes de mayo, mes de la Virgen, fue brutal. Le había echado el ojo a una moto roja que acabamos reservando —un sueño—, alguna romería, y el rosario, cuidado con especial cariño. A veces lo rezaba entero delante del Santísimo.

Mientras tanto, el crack de mi hermano Ángel ganaba también el primer premio de la Jornada Matemática. Ya veis, al final iba a resultar que yo era el tontito de la casa. Bien por ellos.

Las analíticas estaban tan bien a principios de junio que incluso me bajaron la medicación antirrechazo. Todo apuntaba a la calma.

De planazo en el circuito de Cheste, y mis padres, que iban camino de Alicante cuando llegó la llamada del cubo de agua fría: EMR 0,001. Traducción: quinta leucemia.

Me supo fatal tener que decírselo, pero si no les llamo no me lo perdonan nunca. Así que les llamé, intentando no dramatizar mucho, porque pensaba irme a Cheste igual. Y lo hice. Y ellos, pobres, me imagino perfectamente su cara en el coche de vuelta.

Se barajaba la opción de blinatumomab con linfocitos, o repetir inotuzumab, pero había que esperar a la médula. Yo estaba tranquilo. La vía de Barcelona seguía abierta y tenía un cabo al que agarrarme. Ahora ya sí iba a tocar hablar de CAR-T cells.

Mientras tanto retomé el vaivén con las llagas que volvieron, el rechazo que a veces estaba controlado, y otras más que presente. Y los tratamientos, que ya me pesaban como una mochila llena de piedras. Vivir volvía a ser complicado otra vez, despiadadamente complicado.

Pero entonces llegaba una de esas noches de música y baile en las fiestas de la urbanización, con Josete, Pepelu, Andrés, Pablo, Dani, Carlos, Jorge y alguna de sus novias. No hacía falta que estuviéramos todos a la vez, pero lo dábamos todo y conseguían devolverme las ganas de vivir al cien por cien. Recuerdo una con micro en mano y todo. Ahí quedará también el recuerdo para mis vecinos de una imagen híbrida de un servidor, a medio camino entre animador de verbena y enfermo fugado de la planta de oncología.

A primeros de agosto llegó la llamada de Barcelona: el doctor Valentín Ortiz quería que fuera a evaluarme. Nueva puerta. Nueva esperanza.

\* \* \*

Por todo lo que hemos visto hasta ahora, creo que está claro que la devoción de Jorge a la Virgen no se quedaba en lo habitual. Es verdad que, dentro del Opus Dei, el trato con María —y muy especialmente el rosario— ocupa un lugar especial, y en ese sentido, Jorge era un buen ejemplo también.

Rezaba el rosario todos los días y se marcaba como reto hacerlo despacio. No siempre lo conseguía, pero lo intentaba. Le gustaba ofrecer cada misterio por conocidos y no conocidos, con nombres y apellidos, aunque seguro que muchas veces tuvo que encomendar gente a puñados en las intenciones de cada misterio, porque su lista era interminable.

A veces se iba a rezarlo ante el Santísimo y, en sus anotaciones personales, el rosario aparece una y otra vez como ancla y refugio en los momentos más duros.

Ah, y dos pinceladas más que no puedo dejar fuera. Jorge, como buen valenciano, tenía una devoción muy especial por la Virgen de los Desamparados, la Geperudeta. Junto a ella convivían otras advocaciones muy ligadas a su historia familiar: el escapulario de la Virgen del Carmen y la Virgen de la Medalla Milagrosa, que siempre llevaba colgadas al cuello, y un tríptico de esta última que le regaló su abuela y que lo acompañaba al hospital. Esto formaba parte de la memoria de la familia, ya que su bisabuela había sido presidenta de la Asociación de la Virgen de la Medalla Milagrosa en su pueblo, Banyeres de Mariola. También sentía un cariño especial por la Virgen de Agres y la de Torreciudad.

Le gustaban mucho las romerías. Más que por caminar y rezar, por el ambiente festivo y compartido, tan acorde con su manera de vivir. A lo largo de su vida organizó muchas, procurando siempre invitar a cuanta más gente, mejor. Incluso se quedó con algún deseo pendiente, como peregrinar a Guadalupe o a Medjugorje.

# 17. Recurso compasivo

Después de un pinchazo de médula en La Fe salimos directos a Barcelona. Sería el 7 u 8 de agosto. Llegamos muy cansados y nos recibieron en el hotel con la reserva extraviada. Nos ofrecieron una habitación sin aire acondicionado con cuarenta graditos. ¡Di que sí! Esto os lo cuento porque estoy seguro de que mis padres no lo han olvidado, pero no tiene importancia en la historia. Además, al final conseguimos sitio en un NH y respiramos.

Al día siguiente, lo primero en el Clínic fue todo el papeleo: médula, analítica, electro, eco, pruebas respiratorias y un largo etcétera. El doctor Valentín nos lo explicó todo. Para mi gusto, con demasiado detalle. Casi prefería entregarme sin saber tanto lo que podía pasar. Cuando terminó, volvimos a Valencia con la idea de regresar hacia el día 20 para la aféresis y el aspirado. Si todo iba bien, sobre esas fechas sería la infusión.

Lo explico aquí porque muchos no lo sabréis: el tratamiento consistía en sacarme células mediante aféresis o aspirado, enviarlas a un laboratorio donde las modificarían para que aprendieran a atacar el cáncer y, después, reinfundírmelas. Una movida.

Entretanto, volví a casa y me fui un par de días a mi curso anual[14]. El día 20 de agosto regresé a Barcelona en tren con mi padre para la aféresis. Y del 22 al 26, con un par, nos fuimos a Asturias de viaje familiar. Sin permiso de los médicos y arriesgando, sí, pero valió la pena.

Al volver a Valencia, el doctor Montoro se puso especialmente serio. Me dijo que no tenía nada claro que pudiera entrar finalmente en el estudio. Suena duro, porque lo oyes y piensas que ya te dan por desahuciado, pero los médicos tienen que ser realistas. En cualquier caso, salvo algún imprevisto, que seguramente era lo que él barajaba, yo ya había entrado, aunque no había manera de que nos confirmaran la fecha. Sobre mediados de septiembre seguían

---

14 Actividad de formación espiritual propia del Opus Dei. Suele durar varios días y se vive en un ambiente de retiro y estudio: hay ratos largos de oración personal, meditaciones predicadas por un sacerdote, charlas de formación, lectura espiritual y ratos de silencio.

diciendo que los retrasos eran normales en este tipo de tratamientos. Otra vez los nervios a flor de piel.

Como si el doctor Montoro fuera adivino, todo se torció. El 18 de septiembre tuve más temblores que nunca por la noche y tuvimos que ir corriendo a Urgencias de madrugada. Un par de horas, a casa, y al poco de llegar, llamada urgente: habían encontrado una bacteria en la sangre. Otra vez al hospital a toda prisa.

Decidieron sacarme líquido cefalorraquídeo, no fuera que el neumococo hubiera llegado hasta allí y eso explicara los temblores. Gracias a Dios no estaba, pero sí aparecieron unas células que querían analizar y que no tenían buena pinta.

Exacto: blastos en el líquido cefalorraquídeo. Y eso ya podía ser muy grave.

Recuerdo ese momento con una claridad especial porque coincidió con el lanzamiento del libro de mi hermano Julio. A él no le gusta que lo cuente, pero donó todos los beneficios a la Fundación Josep Carreras por mí. ¿No es un crack?

Cuando ya daba por hecho que me moría, las oraciones consiguieron que remitieran los blastos. Remitió la infección también y se abrió una pequeña ventana para ir a Barcelona. ¡Ahí queda eso, doctor!

Eso sí, antes tocó otra intratecal, otra confesión, otra unción de enfermos. Ya había perdido la cuenta de cuántas llevaba. Esta vez fue con el cura de La Fe.

Y entonces pasó algo que, contado así, parece una broma macabra: el estudio se paralizó a nivel nacional. Las células del paciente anterior al mío y las del siguiente habían salido contaminadas. Las mías no, pero todo quedó bloqueado.

*Game over*.

Solo nos dieron un hilo muy fino de esperanza: pedir que me las infundieran como «uso compasivo». Ahí sí que muchos lo dimos por perdido. Sin dejar de rezar, eso por descontado.

Con el tratamiento en el aire y pendiente de aprobación, tenían que ponerme cinco intratecales, de lunes a jueves, y salir limpio al menos en dos o tres seguidas. Mucho pedir para mi chasis, a no ser por los *Smile Soldiers*.

Allá por el 25 de septiembre, las células bajaron un 90 %, y —atentos a esto— se aprobó. ¡Se autorizó el uso compasivo!

Hasta entonces, como de costumbre, a encadenar intratecales. La tercera vino con premio: dolores fuertes, esta vez incluyendo el cuello y cervicales; amígdalas inflamadas, llagas, garganta destrozada. De nuevo, a batidos, y el insomnio haciendo, cómo no, de las suyas.

Para no volverme loco, cambié el rosario a la noche. Rezaba avemarías como quien cuenta ovejitas para dormirse. Se las iba pasando a la Virgen y le decía: «Ordénalas tú». Seguro que me lo perdonaba.

La cuarta intratecal fue la primera a la que mi madre no pudo venir. Lo digo para que se vea el mérito que llevaba a la espalda después de tantos años y cientos de ellas a mi lado.

Salieron hematíes en el líquido y aquello pintaba muy, pero que muy mal. TAC urgente, y toda la pinta de un derrame, que gracias a Dios al final no fue. Ya sabéis, ¿no? Oraciones.

Luego dijeron que quizá fuera un coágulo de tanto pinchazo, pero yo sigo pensando que sin duda fueron las oraciones.

Justo entonces me llamó el doctor Valentín desde Barcelona para ver cómo estaba. ¿Cómo iba a estar? Pues muerto de miedo por si aquello me sacaba del estudio. Me escuchó con una tranquilidad pasmosa y me dijo que, aunque hubiera algo de infiltración en el líquido cefalorraquídeo, no pasaba nada. Uf, qué alivio. Por favor, el doctor Valentín a mi equipo.

Primera semana de octubre y otra intratecal. Yo estaba hecho polvo. Solo quería irme ya a Barcelona. Encima me pusieron un paciente por delante. No me quejo, ¿eh?, que rezamos por él, porque sabíamos que estaba bastante más desahuciado que yo y por eso lo adelantaron.

Por fin, el 21 de octubre, con un careto de enfermo que lo flipas, salí rumbo a Barcelona en Euromed. Eso sí, después de misa en la ermita, que lo primero es lo primero. Y el 22 a las 8:20 de la mañana, ya estaba en quirófano en el Clínic de Barcelona para que me pusieran el catéter.

Mi padre me vio tan agobiado que se quedó a dormir conmigo en el hospital. La enfermera había dejado claro que no podía, pero después de ver mi cara —y sobre todo, la de mi padre— hizo la vista gorda. Creo que, si no le dejan quedarse esa noche, le habría dado algo o habría montado un pollo tremendo. Aquellos primeros días, mis padres se las ingeniaron para quedarse a escondidas. Entraban en la habitación disimulando como niños traviesos, y cuando alguna enfermera les llamaba la atención, se disculpaban con cara de pillos y se iban a la sala de estar. Allí esperaban pacientemente el siguiente turno para volver a colarse. Esto los dos, porque ya sabemos que Dios los cría y ellos se juntan. ¡Ah! Y no sé si lo he dicho ya, pero no pasé nunca una noche solo. Siempre se quedaba uno de los dos conmigo. Siempre.

Empezaron con quimio: fludarabina y ciclofosfamida. Al día siguiente, a repetir esos mejunjes.

Don Jorge Molinero llamó desde Valencia a G., una chica valenciana que estudiaba en Barcelona, para que viniera a verme y me hiciera compañía. Ella no se lo pensó. Apareció en el Clínic justo para que mis padres pudieran irse a tomar algo y celebrar sus veintiséis años de casados.

G. llegó como es ella: natural, agradable, íntegra, extrovertida. No os lo voy a negar: me encantó. No solo eso; me cantó. Pertenecía a un grupo de Hakuna y terminamos cantando a dos voces por los pasillos del hospital. Imaginaos la escena.

Casi sin darme cuenta, me fue integrando en un pequeño núcleo de sus amigos que empezó a rodearme con cariño, risas y una amistad que siempre llevaré en el corazón. Al final se formó un grupo sólido, auténtico, de verdad. A todos los quise mucho, pero ella fue la primera y tenía algo distinto. Un carisma y una vitalidad que contagiaban las ganas de vivir.

Nació una amistad limpia, fraterna, como se quieren los hermanos. Pero algunas noches —cuando el cuerpo flaquea, la medicación confunde y la soledad gana terreno— esa amistad empezó a inquietarme. No era deseo, ni siquiera una fantasía pasajera, pero sí apareció una pregunta que dolía: ¿y si me hubiera equivocado de vocación?

Busqué respuestas como pude, pero mi estado físico lo desordenaba todo: el cansancio, la vulnerabilidad extrema, la cabeza embotada. Lo hablé con mi director espiritual. Con mi confesor. Leí. Lo recé mucho. Me sentía muy culpable, porque no podía, ni quería, sacarla de mi vida. G. era un regalo demasiado grande como para reducirlo a un dilema de un chico en un estado bastante al límite.

Y metí la pata. No pasó nada entre nosotros, pero de alguna forma hice que la incomodidad llegara a ella. Lo intuyó y yo no estuve nada acertado. Es una anécdota de mi vida de la que no me siento especialmente orgulloso. Podía haber estado mucho más acertado y patiné. Aunque, visto con perspectiva, he llegado a perdonarme y sé que ella también lo ha hecho. Nos alejamos un tiempo. No sé si llamarlo huida o espacio de discernimiento, pero en ese silencio volví a lo esencial. El afecto no desapareció, pero se ordenó.

La pregunta dejó de ser ruido y se convirtió en confirmación. Volví a amar mi vocación al cien por cien. Y sí, todo eso le debo a ella.

Cuando nos reencontramos, la amistad volvió a ser la misma. Con la cabeza clara y la vocación firme entendí que G. no había sido una amenaza, sino una buena prueba. Otra mediación, pero esta para el alma y una ayuda del cielo que, en lugar de apartarme del camino, me ayudó a perseverar.

El fin de semana vinieron mis hermanos, cuando aparecieron los efectos y el bajonazo físico. Íbamos a empezar a finales de octubre, pero un resfriado primero y fiebre después obligaron a aplazar el tratamiento otra vez. Para rematar, volvió a salir infiltración en el líquido.

Vinieron a verme amigos de Dardo y del colegio. Por fin, el 5 de noviembre llegó el gran momento: la primera infusión de CAR-T. Un 10 % de células en una minibolsa sacada del nitrógeno líquido, a casi −200 grados. La descongelaban y, en minutos, para dentro.

Al día siguiente, 30 %. El paciente anterior con ese porcentaje iba bien. Buena señal. Al siguiente, el 60 %. Ahora sí, todo como un reloj.

Hubo una sorpresa que luego resultó una bendición: no sabíamos que al terminar el tratamiento teníamos que quedarnos cuarenta y cinco días cerca del hospital. La intendencia saltó por los aires. Sin casa.

Por cierto, he dicho bendición porque de esos días —y de los que vinieron después— nació una amistad muy especial con aquel grupo que os he mencionado tres párrafos atrás.

Encontramos piso para esos cuarenta y cinco días y aquí va otra anécdota. Mis padres estaban con la mudanza cuando de repente me entró un mareo brutal. No encontraba las palabras y ojo a esto: no sabía leer. ¡Se me había olvidado leer!

Llamé a mis padres y volvieron corriendo en taxi. Punción lumbar y resonancia. Tardé un día y pico en volver a recordar cómo se leía. Aún a día de hoy no sé qué me pasó exactamente. Al día siguiente, cuando me dieron el alta, tuve un ataque de ansiedad. «Probablemente todo vendrá del estrés y la ansiedad», me dijeron.

Cómo no.

En nuestro nuevo hogar dormí como un lirón. Cuando al día siguiente me levanté, me encontraba casi recuperado al cien por cien. Sin pensarlo, cogí una moto eléctrica de alquiler y me fui al ensayo del concierto de Hakuna con mi nuevo grupo de amigos de Barcelona.

Y yo, vivo otra vez.

* * *

Lo que le pasó a Jorge en su relación de amistad con G. puede entenderse como un proceso de purificación o maduración interior. No se trata de una pérdida de vocación, ni de una crisis afectiva mal resuelta, sino de una etapa que han atravesado innumerables sacerdotes, religiosos y personas consagradas —incluidos muchos grandes santos—, en la que la persona experimenta oscuridad espiritual, confusión interior y preguntas profundas sobre su camino. San Juan de la Cruz explica el fenómeno de esta forma: Dios retira los consuelos sensibles para que la persona no se apoye en lo que siente, sino en lo que ama y decide.

En esta línea, san Juan Pablo II legitima la existencia de la duda y la sitúa dentro de un discernimiento sano y maduro. No propone reprimirla ni negarla, sino confirmar la vocación en la verdad del tiempo y de la libertad, integrando adecuadamente los afectos humanos. En la exhortación apostólica *Pastores dabo vobis* (1992) escribe: «La vocación no se mantiene solo con la disciplina, sino que debe ser reconocida como un don real y confirmado en el tiempo» (n. 37).

Lo que vivió Jorge fue, por tanto, un discernimiento auténtico, no una deriva afectiva ni una incoherencia vocacional.

Para narrar esta parte de la historia he sido especialmente cuidadoso. He intentado no dejar nada a la interpretación, precisamente para evitar que alguien busque una rendija por la que introducir el morbo, tan tentador en nuestro tiempo.

El 31 de diciembre de 2025 por la mañana quedé con G. para entrevistarla y contrastar con ella lo que yo ya intuía. Todo encajó en mi sospecha de que esta vivencia fue, sin duda, una prueba más de santidad para él.

En mi opinión, Dios tampoco quiso evitarle esa experiencia, como no se la evitó a tantos y tantos santos a lo largo de la historia que no voy a ponerme a enumerar, aunque estoy seguro de que recordaréis más de un ejemplo.

Visto desde fuera, puede parecer una dificultad menor, casi una anécdota fácil de superar. Pero vivida desde el estado físico, emocional y espiritual en el que se encontraba Jorge, tan cerca de la muerte, fue una prueba de fuego, cargada de culpa, remordimientos y confusión interior.

Y la superó con nota.

Dios se sirvió de una joven íntegra, de corazón grande —algo que pude comprobar personalmente al conocerla— para terminar de purificarlo, afirmarlo en la fe y asentar definitivamente su vocación. De aquella confusión no quedó ninguna herida, sino una amistad limpia y un grupo de amigos —a los que a partir de ahora llamaré «los amigos de Barcelona»— que se convirtieron para Jorge en un auténtico salvavidas envuelto en risas, normalidad y buenos momentos en los últimos meses de su vida.

Bien por ti, Jorge.

Por si alguno tiene alguna duda, transcribo textualmente algunas de las notas personales de Jorge:

«¡Qué confusión tengo, Señor! ¿Qué es este mareo que tengo en la cabeza? ¿De dónde viene? No sé si miro a un lado o al otro, al que debo o a su opuesto».

«Te suplico que, a pesar de mi bajeza y de todas mis indiferencias, mándame aunque sea en un suspiro aquello que necesito».

«He sido inmaduro. En una situación extraña y de soledad tuve una compañía especial y confundí amistad y cariño...».

«No era real, sino un espejismo malinterpretado en una temporada cruel, con mucha confusión».

«Tuve miedo a perder ese amor y conseguí, con mi locura, cargarme incluso el verdadero cariño que sí recibía». «Cuántos planazos perdidos».

«Me ha dado unos cuidados y un cariño que solo puede dar una madre o una hermana... y yo sin darme cuenta».

Aquí Jorge se refiere al distanciamiento que resultó inevitable para poner las cosas en su sitio. Un distanciamiento que ella supo leer con enorme madurez y que terminó haciendo un bien profundo a su alma.

Creo que queda suficientemente claro el nivel humano y espiritual, a pesar de su juventud, de las dos personas de las que estamos hablando.

A mí, personalmente, escribir este pasaje me ha emocionado. Y tal como prometí, pasará por los ojos de los padres de Jorge y por los de G. No voy a alterar nada de lo escrito, pero si ella pidiera retirar este fragmento, lo haré sin dudarlo, por respeto a su intimidad. Ojalá no lo haga y podáis leerlo, pero me parece justo. (Una vez hablado con ella se queda todo lo escrito, lo único que ponemos solo la inicial G. para preservar su esfera personal).

# 18. Sin plan

No tardé mucho en volver a empeorar. Aun así, los amigos de Barcelona no me dejaron solo ni un momento. Me sostenían como podían. También vinieron mis hermanos. El pobre Ángel venía con una hernia que se le salía cada dos por tres. Y los de Dardo, tíos, primos y mis amigos del cole, por supuesto. La verdad es que la gente se portó conmigo de diez.

Todos, muy especialmente mis padres, teníamos ganas de volver a Valencia y de que nos llamaran para darnos un OK que no llegaba. Al final, cuando ya era cosa de días, mis padres decidieron regresar de todos modos: había que operar a Ángel de la hernia. Yo volvería bastantes veces a Barcelona para ponerme inmunoglobulina, y para que me dijeran que tenía la linfocitosis demasiado alta. Alguna vez fui solo, que ya tenía una edad, y así aprovechaba para ver a los amigos de allí.

Navidades de 2018 y clásico comienzo de 2019. No me dejaban usar geles con corticoides a pesar de tener otra vez toda la boca hecha una llaga. Las transaminasas se dispararon a 600 y me adelantaron la cita al 7 de enero. Se juntó con una biopsia de hígado en La Fe y, de repente, todo volvió a ponerse negro. Esta vez tuvieron que venir los amigos desde Barcelona a verme. Al menos, nos dio para disfrutar de un buen arroz de conejo con costillas y verdura que hizo mi padre. Mano de santo.

El 29 de enero inauguré en Barcelona la flamante primera sala de consultas externas para CAR-T. Para mi sorpresa, el doctor Valentín estaba muy contento con los resultados. Yo sinceramente no lo veía tan claro. Y no me equivoqué, porque la alegría se evaporó al volver a Valencia. En la Fe, el doctor Montoro nos dijo que la EMR volvía a ser positiva, aunque baja. Justo lo que yo me olía. Hasta las narices de todo, ese mismo día me fui a Madrid con unos amigos para ver a Pablo Bernabé, otro de esos amigos por los que uno reza más de lo que dice y que, siendo más bueno que el pan, seguro que va bien encaminado.

Permitidme aquí hacer un inciso aclaratorio. El doctor Montoro prefirió hablar luego a solas con mis padres y decirles la verdadera y cruda realidad. De baja, nada. La EMR ya estaba en 0,1 y no había plan alguno. Repetir CAR-T era inviable. Ya se había probado y lo único que había conseguido era acelerar el final. Se habló de otro tratamiento, esta vez en Vall d'Hebron, con un CAR-T de Novartis. Otra pirula experimental con la misma lógica científica, pero con otro nombre.

Y yo otra vez en picado. Pérdida de hierro sin origen claro, unción de enfermos, prueba de anestesia para colonoscopia y endoscopia. No tiene gracia, no me iba a ahorrar la colonoscopia tampoco.

El 11 de febrero, en Barcelona, nos repitieron el panorama de los tratamientos y nos dejaron ver una ventanita abierta, muy lejana, en el Hospital Vall d'Hebron. He dicho muy lejana cuando quería decir muy, muy, muy lejana, ya que estaban en negociaciones con el ministerio y aquello podía tardar meses o años en aprobarse. No los tenía. Lo que más me fastidió fue estropear a mis padres su regalo de Reyes —un viaje a Bruselas que necesitaban— porque para rematar el asunto, volvieron a diagnosticarme líquido cefalorraquídeo infectado.

Intratecal. Llagas. Hongos. Esta vez lo ofrecí por Iñaki, el hijo de un amigo de Álex, que había fallecido con solo seis meses. Tuvo que ser muy duro para ellos. Al día siguiente vinieron a verme Gonzalo, Pupe, Ferran, Javi Pacheco, Ana y Jorge Olivares. Y por la tarde, Pati y Marta. Os quiero, chicos. Yo estaba para el arrastre, pero aguanté hasta las dos de la madrugada con ellos. Mi morfina fueron ellos otra vez. Ya os lo he dicho muchas veces.

Gonzalo estaba moviendo hilos a través de su madre, que trabajaba en el Gregorio Marañón, y por lo visto estaban dispuestos a estudiar mi caso si hacía falta. Otra esperanza más.

Por otro lado, Miguel nos contaba que entre hospitales se estaban cerrando flecos. Y entonces llegó una de esas cosas que son imposibles de explicar: Borja coincide en un avión con la directora de la Agencia Española del Medicamento, sentada justo al lado. ¿Casualidad? ¿Providencia? Yo ya debería estar muerto y, sin embargo, otra vez parecía que alguien ahí arriba quería mantenerme en la lucha.

Y yo quería ganarla. Podía ganarla.

\* \* \*

Este tramo de la historia es, quizá, uno de los más desconcertantes: cuando los planes médicos se acaban, pero la vida no. Jorge no se aferraba a falsas seguridades, se aferraba a las personas. Y eso, paradójicamente, fue lo que mantuvo abiertas las puertas que parecían cerradas.

# 19. Todavía en pie (2019)

El 1 de marzo me llamaron para decirme que la semana siguiente podría ir al Vall d'Hebron. El miércoles 6 era Miércoles de Ceniza. Me vino bien, porque me ayudó a situarme y a prepararme por dentro. Me hicieron una aféresis y todavía volvimos a tiempo a Valencia para la graduación de Ángel. También pude quedar con mi club de moteros, Gran Vía 46. A estos no les he hecho justicia en esta historia, como a tantos otros, pero se portaron de una manera extraordinaria. Siempre pendientes. Siempre con un montón de detalles conmigo. Para mí era un sueño cumplido. El logo, por cierto, lo hice yo con Tony. Cómo echo de menos esos almuerzos y esas salidas. Os mando un abrazo de oso.

Después de Fallas, en las que cayó otro arroz con bogavante, el doctor Montesinos me dijo que me pondría vincristina y que en abril, según lo que había hablado con el doctor Barbas, deberían llamarme ya del Vall d'Hebron. Se acabaron los arroces porque tocaba preparación para la colonoscopia. Os evito los detalles por cortesía, pero estaba hecho un harapo y aquello fue el remate. Lo ofrecí por mi prima Elena, porque fue justo después de su misa aniversario. Murió en un accidente de moto y no he querido tocar esa herida por respeto. Os podéis imaginar, otro drama más en la familia.

El día de mi último cumpleaños, el 11 de abril de 2019, por fin me llamaron del Vall d'Hebron. Me dijeron que fuera el lunes, que el martes ingresaba, aunque como siempre quedó un fleco por cerrar antes de poder empezar. Pero yo feliz por volver a ver a todos los de Barcelona. Otra Semana Santa para ofrecer: oficios, vía crucis... y también algo de ocio y muchas risas cuando nos metimos en el cine a ver una película en versión original. El careto de mi padre, impagable.

El día 22 llamó Gloria: ingresábamos. Y, como siempre, mi unción, que no faltó.

Vino una semana de quimios de acondicionamiento antes del último cartucho de CAR-T, el 30 de abril. De esa semana, quitando lo bien que se portaron conmigo mis amigos, prefiero no recordar mucho.

Me dio un bajón fuerte. Volví a pasar momentos de angustia y soledad, a pesar de que no me dejaban ni un segundo solo. Lo reconozco, a pesar de haberlo puesto en manos de Dios por la curación de la pequeña Lucía Urdiales y por sus padres, Javier y Loli, aquellos días fui un poco desastre. Y aprovecho para pedir perdón a mis padres, porque seguramente no fui justo con ellos en algún momento. De veras que lo siento.

Cuando me dieron el alta nos fuimos a un piso en Barcelona que habíamos alquilado, como hicimos después del tratamiento anterior en el Clínic.

Ya en Valencia tuvimos una visita sorpresa: la Virgen peregrina de Torreciudad. Otra vez me subió la moral, y otra vez ahí estaba mi Madre del cielo echando un capote.

A finales de mayo habíamos pasado de 0,24 a 0,002 en médula, pero aparecieron blastos CD19 negativos. Los CAR-T no actúan contra esas células y Miguel nos explicó lo que significaba. Esta vez no hizo falta traducir nada.

Volvimos a Valencia. Momentos de muchos nervios. Lo que viene a ser dos Valium al día. Me ayudaban los mensajes de ánimo que me mandabais, como el de una muy buena amiga de mi madre, Asunta: «Dios no hace las cosas a medias. Si sigues aquí es por algo». Pero la realidad era la que era...

[Y ahora quiero decirle yo a ella que Pedro y yo estamos juntos][15].

Con todo esto encima, mi padre se pegó una mega currada para darle un sorpresón a mi madre por su 50 cumpleaños. Sin duda lo mejor de ese año. Y hago otra paradilla: mis padres han sido el mejor regalo que me ha hecho Dios. Me enseñaron el amor incondicional. Me enseñaron a amar la cruz. Todo lo que soy es gracias a ellos.

Cuando allá por junio volví a La Fe, el doctor Montesinos se quedó alucinado. Literal. No se creía que pudiera estar así de bien. Que no estaba para jugar un partido de fútbol, vale, pero verle aquella cara no tenía precio. Otra vez mérito vuestro, que ya sabemos que esto no era solo cosa de fármacos.

A finales de junio volví a Barcelona. Me tuvieron que pinchar dos veces para la médula y otras tantas para la punción lumbar. Tenía tal callo que se avisaban entre médicos y enfermeras para que lo vieran.

---

15 Se refiere a Pedro, el hijo de Asun y Antonio, fallecido en julio de 2024 por una enfermedad repentina a los 18 años.

«Ven, ven, mira esto». Supongo que para ellos también era una prueba y un aprendizaje.

El 28 de junio tenía planeado irme de ruta motera. Muchísimos nervios, porque ese día se esperaba una llamada con resultados. Como siempre, un montón de gente rezando y el grupo de Whatsapp que había creado mi madre para las oraciones, y que da título a este libro, hervía. Cuando parecía que la noticia se iba a retrasar al día siguiente, Gloria llamó a mi padre con el séptimo diagnóstico de leucemia. Aunque igual era el rebufo de la sexta, o de la quinta. Qué más da. Yo me iba a ir igualmente con los moteros de Gran Vía 46.

A la mañana siguiente, o creo que ya en julio, Malé dijo un «lo siento» que sonó muy regular. Consiguió que nos atendiera el doctor Montesinos, que fue más fino: la enfermedad no parecía muy extendida y la infiltración en el líquido cefalorraquídeo se veía solo en EMR. Eso, para mí, gasolina.

Como buen motero, me vine arriba. Iluso de mí, pensé incluso que hasta podrían plantearse otro trasplante. En cualquier caso, lo mejor que me podía pasar en ese momento eran las noticias positivas, aunque fueran parciales. Me enchufaban a la vida. Esa noche lo celebramos en casa con una buena cena:

mis padres, Pepe y Ana, Tono y Paloma, Pacola... y acabamos con un gin-tonic en la piscina de madrugada. ¿No íbamos a celebrar la esperanza?

El 5 de julio me fui de acampada en moto. Pinchamos una rueda y acabamos plantando las tiendas en la playa. Planazo que pasó a superplanazo. Eso de levantarse y poder ver un amanecer en la playa, buah. Fueron días muy buenos.

La segunda quincena de julio se acabó la fiesta. Vuelta a Barcelona. Bien porque vería a los amigos; mal porque ya fueron cuatro pinchazos para médula y la punción no se iba a quedar atrás. Médula al 1%. Infiltración en líquido: 90 % de blastos. Otra vez CD19. Confirmado: estos CAR-T tampoco habían funcionado.

Volví a Valencia y, en mi empeño por seguir haciendo el cafre para no perder la conexión con la vida, me pegué un buen tortazo en un Vespino. Desastre total. ¿He dicho conexión con la vida? Pues para habernos «matao» por adelantado... Nada grave del todo, gracias a Dios, pero intenté que me curaran en la plaza de la urbanización para no preocupar mucho a mis padres. Otra pifia porque los mandé para casa dándomelas de macho indestructible y tuvieron que volver a por mí a los cinco minutos. Ya os imagináis lo que me costaba aceptar que estaba limitado. Aun así, la noche terminó en baile y lo dimos todo.

Poco después tuve unos dolores de cabeza terribles. Lo pasé tan mal que pensé que era el anuncio del final, pero ni con esas iba a rendirme. Empezaría con las intratecales del séptimo tratamiento, como que me llamo Jorge, aunque estuviera retorciéndome.

Otra buena: al doctor Montesinos le regalamos un queso. Y aquí pensé que ya deliraba, porque ojo: le dio un beso a mi madre para darle las gracias. Yo iba con ocho miligramos de corticoides dos veces al día, así que no habría sido raro alucinar, pero sí, ocurrió de verdad. Un beso del doctor Montesinos. Momentazo para enmarcar.

Los corticoides me ayudaron a mejorar las heridas del Vespino, pero a cambio volvieron los insomnios desesperantes. Pedimos una cama para el hospital de día de lo hecho añicos que estaba.

Allá por el 6 de agosto nos explicaron el nuevo tratamiento. Esta vez, radioterapia. Me tenían que hacer un traje a medida, con un molde, para no moverme ni un milímetro durante quince sesiones diarias seguidas, comenzando en principio el 26 de agosto, o lo más tardar, el 2 de septiembre.

Si ya estaba raquítico y con una cara de enfermo considerable, imaginad cómo iba a terminar con la radiación. Iba a brillar en la noche.

* * *

Aquí dejo a los profesionales. Equipo médico: «El caso de Jorge era extremadamente complejo. Las vías de acceso estaban agotadas. Cada punción lumbar, cada aspirado, suponía una dificultad técnica enorme. Estaba tan complicado que había que pinchar dos y tres veces. Además, en muchas pruebas los valores superaban con creces —pero con creces— los límites que marcan los protocolos de seguridad y cada procedimiento hacía saltar las alarmas».

Del doctor Montoro: «Como paciente, recibió tratamientos prácticamente excepcionales: dos trasplantes alogénicos, separados por dos años, y dos terapias con CAR-T. En más de 3000 pacientes similares que hemos atendido en La Fe, nadie ha recibido un arsenal terapéutico similar. Esto habla de dos cosas: de la agresividad de su enfermedad y de sus enormes ganas de vivir, que hicieron posibles todos estos procedimientos extraordinarios.

A pesar de la dureza de los tratamientos y con apenas 15 años al diagnóstico, siempre mostró una entereza y una madurez fuera de lo común para su edad. Contó además con un gran apoyo familiar, que siempre le acompañó y apoyó sin dudar al equipo médico en cada paso. Era muy querido por todos: médicos, residentes, enfermeras, celadores... Durante diez años estuvo entrando y saliendo del hospital para aspirados, biopsias, punciones lumbares, infecciones, sangrados y muchas otras intervenciones, dejando una huella imborrable en cada persona que lo conoció.

Lo seguimos recordando con múltiples anécdotas: su deseo cumplido de saltar en paracaídas, sus canciones con los amigos en la habitación, donde solo se permitía un acompañante y hacíamos la vista gorda, la cantidad de papeleos necesarios para que le pusieran otro CAR-T, y un largo etcétera que todo el equipo guarda con tremendo cariño».

# 20. Despedida en el aire

Me había quedado en la radioterapia. Antes de empezar con toda la toxicidad, mi familia movió hilos para que pudiéramos pasar juntos unos días de desconexión, si la enfermedad me dejaba. Julio localizó una casita bastante chula y nos escapamos cuatro o cinco días a Puente Arce, en Cantabria. Pocos días, en los que estuve muy cansado, pero un regalo total.

Ese verano no pude ni pegarme un baño por las heridas del accidente. Ver el Cantábrico ahí delante y no poder meterte... En fin, que no sea por ofrecer cosas. Y luego, ya en casa con la radioterapia a tope, tampoco pude darme ni un chapuzón en la piscina. Pero no me quejo, que Cantabria no estaba en los planes y ahí quedó eso.

Estamos a finales de agosto. Yo no tenía ni idea de lo agotador que era eso de la radioterapia. Se suponía que no iba a tener efectos secundarios especialmente fuertes, pero me dejaba completamente extenuado.

No lo digo para dar pena, pero hubo varios episodios muy duros y tuve que volver a tirar de morfina para poder aguantarlos.

El 10 de septiembre acabamos en Urgencias y de ahí, directos a ingreso. Un desastre, porque tuvieron que parar la radioterapia, con lo que eso podía significar. Fiebre alta, plaquetas por los suelos, temblores sin parar... y a aislamiento preventivo otra vez. Lo que me faltaba.

Mientras esperábamos en la *suite* las analíticas para ver si alguna bacteria daba la cara, las llagas se empeñaron en amargarme la existencia. Acabé esputando coágulos de sangre. Qué ascazo. Y otra vez a la alimentación por vena, porque me era imposible tragar. Para que os hagáis una idea, un yogur era como comer ácido. El pelo empezó a caerse a mechones y tuve que raparme, claro.

¿La causa? La octava o novena recaída con más del 40 % de blastos en sangre. Y otra vez a molestar a don Jorge Molinero para que viniera al hospital a darme la unción. Igual deberíais ver si tengo el récord Guinness de unciones.

Ángel estaba en Pamplona estudiando y tuvo que cogerse un bus a toda prisa porque ya parecía bastante evidente el final. Hasta que llegara, me tenía que conformar con estrujar a Julio. Él lo recordará bien. Igual que recordará todo lo que le dije. Aunque tranquilo, eso queda entre hermanos.

Blanca le dijo a mi madre que quizá lo mejor era que me fuera a casa a apagarme. Que si me quedaba allí iba directo a UCI y que, si pillaba algo, no habría margen para estabilizarme. De hecho, fue ella quien les dijo a mis padres que mejor que Ángel viniera cuanto antes.

También vinieron Álvaro Gijón, Miguel Ángel Tobías y Eva. Me acuerdo bien, porque recé por un sobrino suyo que se había ido al cielo por muerte súbita hacía poquito, el 1 de septiembre. Se llamaba Erick y lo tenía el primero en mi lista. A los que no creéis os parecerá absurdo esto, pero para mí era una forma de darle sentido a todos los dolores y os prometo que me ayudaba mucho.

* * *

Para Jorge, la radioterapia fue una auténtica tortura. Además del traje a medida del que habla, tenía que llevar una máscara que le provocaba sensación de ahogo, y eso lo llevó especialmente mal. Y aun así, todos los que estuvieron cerca me dicen lo mismo: no se quejaba. Lo explicaba casi como un parte médico, pero sin dramatizar. Su familia recuerda que incluso durante esos días buscaba huecos para seguir quedando con gente.

Vuelvo al equipo médico y os diré que los profesionales que lo trataron en esta etapa alucinaban con su estado: «Debería estar moribundo»; «Solo nos los explicamos por la actitud. Y por esa alegría que no se sabe de dónde sacaba frente a la muerte».

Sus padres me cuentan que, al confirmarse la novena recaída tras el aislamiento, Jorge besó a su madre sin inmutarse. Su única preocupación era cómo contárselo a sus hermanos.

El doctor Jesús Simó de Barcelona le dijo a su madre que Jorge era «el reflejo de Cristo en la cruz». «Incluso físicamente se parece», añadió.

En las notas de su madre del 17 de septiembre leo —Y ESTO ES IMPORTANTE—que Jorge le dijo: «Mamá, si no me curo, os quiero mucho. Tenemos la mejor familia del mundo. No os separéis de Dios, porque quiero que nos juntemos en el cielo. Estaré con Cristóbal, Pablo y Miguel[16], mis hermanos. He vivido plenamente. Aunque estos años han sido difíciles, sin la enfermedad no los habríamos vivido

---

16 Cristóbal, Pablo y Miguel no llegaron a nacer.

tan intensamente. Por favor, no perdáis la alegría, aunque sea difícil. No tengo miedo. Sé que Dios me espera».

Permitidme que os diga que creo que lo que acabáis de leer es, sin duda, el testamento de Jorge: (1) Estad siempre alegres; (2) No os alejéis del Señor; y (3) Nos vemos en el cielo.

Probablemente a su madre, al escucharlo, no sé si una espada, pero algo le atravesó el alma.

# 21. Agenda, por si acaso

A Ángel pude abrazarlo ya en casa.

El dolor de aquellos días creo que va a ser mejor que no os lo cuente. La morfina no me servía para casi nada, así que solo me quedaba apretar muy fuerte mi cruz y rezar para estar a la altura cuando llegara el momento.

Un TAC por unos dolores de estómago anunció la siguiente complicación: un hematoma considerable en el riñón, que a punto estuvo de llevarme a quirófano. Otro susto más, porque el quirófano sería como tirar una moneda al aire.

Pero entonces pasó algo realmente bonito. Apareció mi tropa de Barcelona, guitarra en mano, y me cantaron una canción que habían compuesto para mí. Tíos, sois geniales. Imagino que no será difícil encontrar ese vídeo. «Así es George», ese es el título de mi canción. Os quiero y siempre estaré súper agradecido por el detallazo.

El 25 de septiembre pude levantarme de la cama y dar un mini paseo por el pasillo mientras no dejaban de sacarme los colores con canciones y bromas. Pero, ¡qué buena es la gente!

Ese día tomé una decisión que puede sonar un poco a rendición, pero de verdad que no lo era. Aún me quedaba alguna bala. Lo que pasa es que también había que ser realista y no quería dejar a nadie colgado si aquello se torcía, así que empecé a organizar mi agenda para ir quedando con todos para despedirme, por si las moscas.

A finales de septiembre, sobre el día 30, el riñón mejoró lo justo para que me vieran con fuerzas para irme a casa. Ya sabéis que en el hospital te cuidan, pero para estos momentos, como en casa no se está en ningún sitio. Con la mano en el corazón os digo que estaba muy tranquilo. Había vivido una vida maravillosa, siempre rodeado de gente que me había querido mucho. ¿Cuántas personas se van sin haber sentido el amor que yo había recibido?

Papá, mamá, os vuelvo a repetir lo que os dije entonces: No podría haber vivido todo esto sin vosotros. Gracias por estar siempre ahí. Gracias por estar toda la familia ahí.

De los pocos días que pasé en casa hasta el siguiente ingreso el 12 de octubre de madrugada, no guardo muchos recuerdos. Salvo contadas visitas, no conseguí cumplir con todo lo que me había propuesto en aquella «agenda de despedidas». Entono un *mea culpa* porque muchas veces no podía ni salir de la cama y os pido mil perdones si sois alguno de esos que vino a verme y no pude salir de la habitación a daros un abrazo como Dios manda.

*\* \* \**

Respecto a lo del riñón, Blanca y el resto del equipo médico aclaran que no habría podido superar un quirófano en ese estado. Recuerdan que aquella noche se tuvo que usar mucha morfina para el dolor.

A las tres de la madrugada se despertó. Después de varios «mamá, te quiero», «yo más», y así una y otra vez, Jorge y su madre se fundieron en un abrazo que duró varios minutos.

Durante ese abrazo, ella le dijo que sin dudarlo se cambiaría por él.

Jorge fue muy claro: no lo permitiría. No dejaría que nadie pasara por eso y no cambiaría su vida por la de nadie. A pesar de todo, había sido feliz.

Trini tiene anotado en un cuaderno que lo abrazó con miedo a hacerle daño porque no pesaba ni sesenta kilos y tenía las defensas a cero. Concretamente, en los resultados del análisis que les dieron esa tarde, las plaquetas habían bajado de 30.000 a 9.000.

Las fiebres de esos días debieron de ser muy altas porque, revisando los informes, he leído que recurrieron al hielo. Siempre he pensado que el hielo es excesivo para la fiebre, incluso peligroso por el cambio tan brusco de temperatura, pero por lo visto no es así en todos los casos.

En una de las anotaciones de su madre encontré algo que me dejó clavado en la silla. Escribe: «Me dijo: "Mamá, ¿te puedes salir un momento? Tengo que hablar con una persona que lo está pasando mal"».

Han sido muchas horas documentando esta historia, pero encontrar detalles así las compensan con creces. Jorge estaba más allá que acá, en un sufrimiento difícil incluso de narrar —y creedme que estoy siendo muy cuidadoso para que un nudo en el estómago no os haga cerrar el libro—, y aun así sacaba fuerzas para olvidarse de sí mismo y priorizar a los demás.

Estoy seguro de que esa persona que lo estaba pasando mal habría pasado desapercibida para alguien como yo. Para Jorge, no. Eso es amar a los demás, y una lección que, al menos a mí, me obliga a replantearme muchas cosas sobre cómo quiero a mis amigos.

# 22. En el límite

Alimentación por vena, excepto un día que pude probar algo de comida mexicana que me trajo Óscar. Qué alivio, y qué riesgo. Y sé por qué lo digo, pero qué más daba en esos momentos. Los ratos sin dolor había que aprovecharlos como si fueran oro.

La verdad de mi cuerpo volvió a ponerme en mi sitio con algo que se llama aplasia medular total. Os traduzco: mi médula ósea estaba *out* y dejó de producir células. Ni plaquetas, ni glóbulos rojos, ni blancos. Nada de nada.

Otro TAC para confirmar o descartar que hubiese tenido un derrame cerebral y, ante la falta de respuestas claras, lo achacaron a una mala reacción a un rescate de morfina. Ahí es nada, y por si faltara algo esa semanita fatídica, apareció una maldita bacteria que sospechaban que había entrado por el catéter. Horror, porque me lo tuvieron que quitar. ¡Si supierais la rabia que me dio! Aquello significaba que no me ahorraría ni un pinchazo. Se acababa la vía directa. De vuelta a las agujas que, en fin, no sé cómo decirlo, pero desde luego no estaba para muchas agujas, y menos si cada vez les costaba más acertar a la tercera.

Además, por el error de *googlear* —nunca lo hagáis— me rondaba la cabeza que aquello de la bacteria igual era una excusa. En paliativos, retirar un catéter suele significar otras cosas. Dejémoslo ahí.

Y entonces vino Ella al rescate. Esto os va a gustar. Javi Ferrando me trajo a la habitación la Virgen peregrina de Torreciudad. El milagro ya era que siguiera vivo, pero además consiguió que me dieran un alta al poco tiempo y pudiera volver a casa. Lo que no haga la Madre de todos...

No nos engañemos. Sabía leer las señales de mi cuerpo y las analíticas lo dejaban cristalino: no había médula. Pero yo, de alta.

Me mantenían a base de transfusiones para rascar alguna plaqueta que ayudara un poco con las llagas de la boca, que no dejaban de sangrar. Que todo te sepa a sangre igual a un vampiro le mola, pero a mí me quitaba hasta las ganas de un arroz de mi padre, y mira que eso es difícil.

Volví a ingresar el domingo 24 de noviembre, previa unción de enfermos, y otra vez Ella. El día 27, día de mi querida Milagrosa, me dieron el alta otra vez.

Hago un inciso: ¿aún no creéis? Porque ese mismo día, la Virgen me regaló otro almuerzo motero en casa y luego me fui con toda la banda, eso sí, en coche —lamentable no ir en dos ruedas, pero perdonable en mi caso—, a los karts. Y para rematar, después pasé por Dardo para saludar a toda mi gente y pasar un ratito en el oratorio. Por algo la llaman la Milagrosa, ¿no?

A mediados de diciembre ya estaba asumido. En el hospital descartaron seguir con intratecales. Lo llamaron valorar riesgo-beneficio. Suena fuerte, pero para mí fue un alivio. De verdad que las odiaba y ya llevaba cientos encima. ¿Que servían para ofrecer cosas? Sí, pero había que aceptar la situación y prepararse.

En esos días pasó por la garita —otra forma que tenemos de llamar al confesionario— alguien muy cercano a mí con su novia. Se confesaron y comulgaron.

Cuando me lo contaron, me volvió la sonrisa.

\* \* \*

En los apuntes de los cuadernos, durante esos momentos tan críticos previos a la aplasia total, hay referencias a que Jorge veía milagros en determinados acercamientos a Dios por parte de algunos amigos suyos que estaban alejados de Él. Probablemente relacionados también con la misa y la confesión, pero no se detalla.

De su padre tenemos esta observación: «La noche de la aplasia total, Trini me llamó y también a don Jorge Molinero para decirnos que probablemente no sobreviviría a esa noche».

Pensad que durante aquellos días de noviembre y buena parte de diciembre, el agotamiento era absoluto. Muchos días Jorge no podía ni hablar. Me alucina que siguiera tan atento a los demás, celebrando cualquier paso hacia el Señor que le llegaba de la gente por la que rezaba. Como decía él de muchos, un «fuera de serie».

# 23. Los últimos días (2020)

El 16 de diciembre iba a poder volver a casa, pero los neurólogos se plantaron y me aguaron la fiesta. Ahora lo cuento así, como si lo recordara, pero aquel día creo que, fácil, estuve despierto veinte minutos. Había tenido un pequeño infarto cerebral. Que puede sonar catastrófico, pero esto —me lo dijeron y yo lo sabía— entra dentro de lo normal cuando el final se acerca.

Así que dos días tirado en la cama, intentando reunir algo de fuerzas para seguir con mi agenda de despedidas. Esperando una resonancia que me dejara volver a mi casa, que era donde en esos momentos quería recibir a la gente. Donde quería estar.

Hubo un primer amago el día 12, pero duró poco. Por la noche me dio un calambrazo brutal que me dejó completamente aturdido. Seguramente escuchasteis mi grito. Y de vuelta al hospital.

Poco antes de Navidad llegó Ángel. Lo necesitaba. Necesitaba que estuviéramos todos para poder marcharme tranquilo.

Aquellos días pude despedirme de muchas personas. Y pido perdón otra vez a los que no pude llamar. Enero sí fue un mes en el que muchos de vosotros pasasteis por casa. Y otra vez, sé que algunos vinisteis y yo ni siquiera pude levantarme a saludaros, pero os prometo que os llevaba en la oración. A todos.

Ya a finales, y especialmente a primeros de febrero de 2020, empezaron los episodios de convulsiones. Esto os lo habría ahorrado, pero me pidieron que lo mencionara de pasada para que entendierais cómo fue mi último mes. «Spoiler», pensaréis. Sí, pero al ser año bisiesto, ganaría un día.

El día 9 de febrero aún conseguí levantarme para otro desayuno motero en casa. Me regalaron una figura de una moto, tipo plancha con relieve muy auténtica, que mis padres aún tendrán en el salón de casa. Todo un detallazo.

Por lo que respecta al tema médico, ya se descartó cualquier tratamiento. El hígado no daba para más, dijeron. Y, sinceramente, yo ya sabía que esta vez sí eran mis últimos días. Intenté convencerles para que al menos me evitaran las punciones, que era lo que más me fastidiaba. Aquello no era forma de terminar de vivir. Y me dieron la razón, pero no me las quitaron. Según ellos, formaban parte de los paliativos, ayudaban a controlar los niveles tumorales y, sobre todo, bajaba el dolor.

Punciones, pues. ¿Cómo habría sido el dolor sin ellas? Prefiero no imaginarlo.

* * *

Del equipo de paliativos:

«Efectivamente, los calambrazos a los que se refiere Jorge, o calambres severos en terminología clínica, le provocaban picos de dolor extremo, hasta el punto de que el grito se convierte casi en un reflejo involuntario de intento de búsqueda de algo de alivio. Recomendamos aumentar la dosis de morfina en domicilio y limitar al máximo los desplazamientos».

De su familia:

«Ángel llegó a casa el 20 de diciembre. Jorge quería levantarse a comer con él, pero no pudo salir de la cama. Tenía la boca llena de llagas y el sangrado era constante. Para sorpresa de todos, sí consiguió levantarse unos minutos durante la cena. ¿De dónde sacaba las fuerzas? No es una pregunta retórica: es algo que todos los que estábamos allí, no solo familia cercana, nos seguimos preguntando».

De su amiga Pupe:

«Me enseñó una lista con la que hacía la oración en su móvil. Era una lista larguísima, con nombres y apellidos, familias concretas. Muchas personas que ni conocía. Y rezaba por todos».

# 24. El final

A mediados de febrero toqué fondo. Ya no era solo el dolor, era mi cabeza. Algo no iba bien en mi cabeza y a veces me desconectaba. No sé cómo explicarlo, pero me perdía, me desorientaba.

Pedí hablar con Rebeca para que me pasaran ya a paliativos del todo. Sabía que había llegado el momento.

Y también sé, y así me lo han pedido, que el final es mejor que lo cuente otro por mí.

*(Tono)*

—Papá, mamá, no puedo más. Son diez años. Me sabe mal por vosotros, pero no puedo más.

Jorge pidió permiso a sus padres para descansar al fin.

Su madre le respondió, ya sin dudas, y con un amor que no negocia con el miedo:

—Adelante. Ayúdanos desde el cielo con tus hermanos. Estaremos en contacto todos los días.

—Hablaremos todos los días —les dijo él.

Aquellos últimos días Jorge estaba visiblemente amarillento. El hígado ya no daba más de sí.

El 14 de febrero recibió su última unción de enfermos, aunque todavía aguantaría quince días más.

Los calambres eran constantes. Moverse en la cama era un sacrificio. Ir al baño, una heroicidad. Y aun así pudo confesarse, y comulgar casi todos los días.

Tiene apuntado que el director de su centro le pidió que escribiera sus últimas voluntades.

Jorge, con la misma sencillez con la que había vivido todo, lo consultó con sus padres y les dijo:

—¿Pero si no tengo nada...?

Hablaron de su entierro. También les dijo que le importaba poco lo que hicieran con su cuerpo.

—Si yo ya no estoy, haced lo que os resulte más fácil.

Pero lo llevó a la oración y tiene varias anotaciones al respecto. Al final decidió algo muy suyo: descansar en el columbario de la parroquia de San Josemaría. ¿Por qué? Porque así, los amigos que fueran a verlo podrían aprovechar para ir a misa, confesarse, y los más alejados, acercarse algo a Dios.

En esa parroquia, en uno de los laterales del templo, hay una hilera de confesionarios donde siempre hay varios sacerdotes confesando.

Consulté con dos sacerdotes del Opus Dei el tema porque tenía una duda, pero la respuesta fue clara: la postura de la Prelatura no difiere en nada de la de la Iglesia. «Siempre es la de la Iglesia», me respondieron textualmente. Yo pensaba que quizá no existía una costumbre de incineración entre numerarios y agregados, porque sé que hay un panteón al que muchos recurren, pero me lo aclararon rápidamente. En cualquier caso, cuando Jorge visualizó a sus amigos confesándose allí, fue tajante, bromeando incluso con aparecerse en sueños si no depositaban sus cenizas en el columbario de San Josemaría para que sus amigos tuvieran la oportunidad de recibir ese sacramento.

En esos días también habló mucho del Opus Dei. Del tesoro inmenso que son las numerarias auxiliares y de la gran familia que había encontrado gracias a su vocación.

Con su madre Jorge repetía una escena que ya era un clásico:

—Te quiero.

—Yo más.

—No, sé, no sé.

Y lograba sacarle una sonrisa incluso entonces.

El 17 de febrero pudo hablar con el Padre, don Fernando Ocáriz, prelado del Opus Dei. Sus palabras fueron un bálsamo para él.

Ese mismo día se despidió de sus abuelos. Un par de días después, sacó fuerzas y pudo también ir a comer y despedirse de don Jorge Molinero. Él mismo me contó lo impresionado que se quedó por la entereza de sus padres, porque antes de la comida los acompañó a elegir todo lo necesario para el funeral. Y luego durante la comida todo transcurrió con una naturalidad que le llamó la atención, como en cualquier otra de las múltiples comidas familiares que había compartido con ellos.

Los médicos empezaron a preparar a la familia, pero Jorge pidió paso una vez más, porque el 24 de febrero se levantó, casi a rastras, para sentarse en el salón. Habían ido a comer y a despedirse Arturo Peris y don Luis. Y lo que voy a contar ahora es muy de Jorge. No sé si habéis visto la película *Independence Day*, pero hay una expresión que Will Smith llama «el humo de la victoria». Pues bien, esa tarde, en el porche de su casa, Jorge encendió un puro con ellos y le dio varias caladas. El humo de su victoria.

El 25 de febrero empezó a perder la conciencia. Aun así, en un estado calamitoso, hizo que su hermano Julio lo llevara a una nave de la A-3 para comprar unas chuches.

Esto lo viví en primera persona, porque ese día me tocaba en su agenda de despedidas. Esa tarde fui con mi hermano Pepe a darle un abrazo. Los dos sabíamos que, cuando saliéramos de esa casa, ya no volveríamos a verlo con vida. No ignorábamos que iba a ser —y fue— durísimo, pero los dos lo conservamos como un bonito recuerdo.

Sus padres nos recibieron con la típica mirada que lo dice todo. Jorge estaba en su habitación, por comodidad, y pudimos rezar parte del rosario con él. Estaba inquieto, a ratos fuera de la realidad, y de pronto se incorpora en la cama y empieza a hacer bolsitas con las chuches que había comprado.

—Para vuestros hijos.

Pepe y yo no dábamos crédito. Incluso allí. Incluso entonces. Pensando en los demás. Los dos lloramos en el coche de vuelta.

A la mañana siguiente, Trini me llamó:

—Ya no está consciente. Rezad para que el final sea lo más humano posible.

Me alegró saber que Ángel llegó a tiempo para fundirse en un último abrazo de los tres hermanos.

Fue el 29 de febrero de 2020 —porque hay personas que no necesitan aniversario para ser recordadas—. Su padre estaba con él, y Jorge permanecía con el rostro tranquilo. En un momento dado cambió su forma de respirar y su padre avisó a sus hermanos y a su mujer. Poco después, mientras rezaban, se dio cuenta de que Jorge estaba cerrando la mano izquierda del mismo modo en que lo hacía cuando sujetaba su rosario y su cruz en las pruebas. En ese momento, Jorge dio su último aliento en la tierra, rodeado de sus padres y sus hermanos.

El funeral se celebró en la iglesia de San Josemaría, en Valencia. Y allí descansan hoy sus restos.

Fue oficiado por don Jorge Molinero, acompañado por don Carlos Villar, don José Luis Navarro, don Juan Ramón Domínguez, don Javier Santos, don Antonio Manglano, don Fernando Ramón y es probable que me deje alguno, porque eran un total de 15 sacerdotes y 5 seminaristas. Un auténtico ejército con casulla negra. Muy impactante.

No cabía un alfiler. Quien estuvo allí lo sabe.

Al final, don Jorge Molinero rompió la costumbre del silencio respetuoso y pidió un aplauso. Un gesto que necesitábamos todos. En realidad, habría ocurrido igual porque todo el mundo estaba en pie, con el corazón en la garganta.

Y algunos dirán que lo que viene ahora es una licencia literaria. Yo, como es mía, os digo que es justicia poética. Porque en ese momento se abrieron las puertas del cielo para mi amigo Jorge, y los aplausos de la tierra se mezclaron con los de los apóstoles.

Al pasar junto a san Pedro, este le susurró:

—Yo no lo habría hecho mejor.

Con lágrimas en los ojos, llegó al final del pasillo que le hacían los Doce.

Allí lo esperaban Jesús y la Virgen.

Jesús lo abrazó y le dijo:

—Ahora verás lo que has hecho. Y lo que has conseguido.

Jorge lloró de felicidad y se volvió hacia su Madre del cielo.

—¿Ya no habrá dolor?

Y Ella le respondió:

—Ya no habrá dolor. Desde ya y para siempre.

# Epílogo

Hay historias que se escriben para entretener y ser leídas. Y hay otras que se escriben para aprender de ellas. Esta es la primera vez que me enfrento a las segundas.

He tardado en entender por qué escribir esta historia no me dejaba dormir. Por qué, aun sabiendo el final, necesitaba seguir escribiendo. Volver atrás. Contrastar. Preguntar. Escuchar otra vez. Releer cuadernos. Detenerme en frases subrayadas y en anotaciones al margen.

Escribiendo este epílogo lo he visto claro.

Jorge no vino a este mundo a ganar una batalla. Vino a enseñarnos a pelear como cristianos. No desde la épica de un héroe invencible, sino desde la de un chaval que se cae, se levanta, duda, llora, se confunde, se cansa, y aun así, ama.

Ama a su familia.

Ama a sus amigos.

Ama la vida.

Y, fundamentalmente, ama a Dios.

Incluso cuando la vida se le iba escapando entre pinchazos, aislamientos y despedidas, Jorge no convirtió el sufrimiento en espectáculo, lo convirtió en ofrenda.

Quien cierre este libro sin fe quizá se quede en la admiración. Quien lo cierre con fe —aunque sea pequeña— entenderá algo muy cristiano: que la alegría no es la ausencia de dolor, sino la presencia de sentido sobrenatural.

Por contra os digo que la tentación de santificarlo, envolviendo esos años con palabras solemnes, no me duró ni un minuto. De hecho, acababa de empezar a leer la montaña de documentos que me trajeron sus padres cuando me encontré un intercambio de mensajes con sus amigos. Era justo al final y ellos insistían en seguir pidiendo el milagro, pero Jorge respondió riéndose:

«Jajaja, no, esta vez ya no. Pero no pasa nada, que yo voy preparando el *farreo* Ahí Arriba, que espero que después de diez años Dios me deje subir y esperaros. La vida no nos pertenece; además, es solo un camino a la Vida, que mola de verdad».

Alguno insistió y, en algún momento, alguien utilizó la palabra «santo». No les culpo, porque esas cosas son las que solemos decir cuando no sabemos qué decir. Pero él les cortó en seco, y de algún modo, también a mí para empezar a escribir: «Si decís chorradas de estas no os vuelvo a escribir, eh. Ni santo ni leches». Así que le hice caso.

Y no seré yo quien explique cómo, gracias a su ejemplo, otros se convirtieron o cambiaron su vida. Ni cómo trasladó su forma de vivir la fe a quienes tenía cerca y no tan cerca. Ni cómo Juanjo Terol murió agarrando con sus manos una de las cruces de Jorge que él mismo pidió, ya convertido.

No me toca contar que muchos de sus médicos, como Guillermo Martín, escriben y dicen que la manera en que afrontó el tratamiento marcó de forma profunda sus vidas profesionales y personales. Ni que Judith dejó de escribir «ángel» y ahora escribe «ánjel», para que esa palabra lleve su inicial. Ni cómo el padre Jorge recuerda la frase del padre Darío al salir del hospital: «Íbamos a bendecirlo y los bendecidos hemos sido nosotros».

Tampoco me corresponde contar cómo pedía hacerse fotos y decía que las quería para ponerlas en la pared y rezar por nosotros. Ni cómo se escuchó a

Carla, una chica de catorce años, preguntar a la salida del funeral cómo hay que vivir para que te quieran así. Ni que haya quien vaya expresamente a la parroquia de San Josemaría y pregunte cómo bajar al columbario para rezar allí y pedirle cosas a Jorge.

Todo eso se lo dejo a los mayores.

A nuestra Santa Madre Iglesia.

Y al tiempo.

Yo solo he contado lo que he visto, escuchado y he podido contrastar. Nada más. Y nada menos.

Por eso, con el trabajo hecho y bajo el compromiso de haber sido fiel a la verdad, termino aquí y doy paso a los agradecimientos.

**Tono de Hevia**

# Agradecimientos

Este libro no habría sido posible sin la confianza sin límites que la familia de Jorge ha depositado en mí.

Esta historia la habría querido contar mucha gente. De hecho, yo no era la primera opción. Pero cuando, por determinadas circunstancias, surgió la posibilidad y sus padres me lo propusieron —sabiendo que Jorge y yo éramos amigos—, les dije que lo pensaría y que lo llevaría a la oración. Así lo hice.

La respuesta llegó en el columbario de San Josemaría, donde suelo bajar a saludarle cada domingo. Lo haría.

Pero no escribiría sobre Jorge, sino con Jorge.

Les pedí todo lo que pudieran darme. Todo.

Gracias, de corazón, a sus padres y a sus hermanos, por abrirme no solo sus recuerdos, sino su intimidad más sagrada: anotaciones, cartas, cuadernos de oración, libretas personales y apuntes escritos en noches de dolor. Sin todo lo que me facilitasteis, esta historia se habría quedado muy incompleta. Tal vez correcta, pero no fiel. Y lo es gracias a vosotros.

He ahorrado deliberadamente muchos detalles médicos y tratamientos. No por falta de información, porque tenía de sobra, sino por humanidad. Y porque narrar con exhaustividad un calvario tan prolongado en el tiempo habría hecho la lectura tediosa e incluso insoportable. Creo que bastaba con decir la verdad sin recrearse en ella.

Y aun así, sé que muchos pensaréis que podría haber ahorrado más. Es comprensible y yo os entiendo mejor que nadie. He pasado más de dos meses leyendo miles de páginas de pruebas, informes y registros muy duros que han puesto a prueba mi estómago, y muy especialmente mi corazón. He llorado mucho.

Gracias también a la familia extensa.

A los amigos de siempre.

A los de la infancia, la Universidad y Dardo.

A los de Barcelona.

A los de las motos, los del pueblo de Banyeres de Mariola, los de los colegios El Vedat, Madre Petra y María Inmaculada. A los de redes sociales.

Y por supuesto a los sacerdotes, médicos, personal sanitario y a tantas personas que, con una llamada, una nota de voz o un café compartido, me ayudasteis a completar las piezas esenciales de este puzle.

Gracias por vuestra paciencia cuando os he preguntado lo mismo una y otra vez. Gracias por vuestra generosidad al compartir recuerdos que no eran fáciles. Gracias por dejarme entrar en vuestras vidas.

Y gracias, sobre todo, a ti, Jorge.

Por todo lo que me diste en vida.

Por todo lo que me sigues regalando desde el cielo.

Por haberme permitido contar tu historia.

Y por la amistad de tus padres.

Eso —lo digo sin exagerar y con mi mujer al lado— es el mayor regalo que nos hiciste.

Si algo bueno hay en estas páginas, es tuyo. Si hay errores, son solo míos.

Gracias, Jorge. Seguiremos hablando todos los días.

PRE YA Y PARA SIEMPRE YA Y PARA SIEMPRE
PARA SIEMPRE YA Y PARA SIEMPRE YA Y PARA
PRE YA Y PARA SIEMPRE YA Y PARA SIEMPRE
PARA SIEMPRE YA Y PARA SIEMPRE YA Y PARA
PRE YA Y PARA SIEMPRE YA Y PARA SIEMPRE
PARA SIEMPRE YA Y PARA SIEMPRE YA Y PARA
PRE YA Y PARA SIEMPRE YA Y PARA SIEMPRE
PARA SIEMPRE YA Y PARA SIEMPRE YA Y PARA
PRE YA Y PARA SIEMPRE YA Y PARA SIEMPRE
PARA SIEMPRE YA Y PARA SIEMPRE YA Y PARA
PRE YA Y PARA SIEMPRE YA Y PARA SIEMPRE
PARA SIEMPRE YA Y PARA SIEMPRE YA Y PARA
PRE YA Y PARA SIEMPRE YA Y PARA SIEMPRE
PARA SIEMPRE YA Y PARA SIEMPRE YA Y PARA
PRE YA Y PARA SIEMPRE YA Y PARA SIEMPRE
PARA SIEMPRE YA Y PARA SIEMPRE YA Y PARA
PRE YA Y PARA SIEMPRE YA Y PARA SIEMPRE
PARA SIEMPRE YA Y PARA SIEMPRE YA Y PARA
PRE YA Y PARA SIEMPRE YA Y PARA SIEMPRE
PARA SIEMPRE YA Y PARA SIEMPRE YA Y PARA

YA Y PARA SIEMPRE YA Y PARA SIEMPRE YA Y PARA SIEMPRE YA Y PARA SIEMPRE YA Y PARA SIEMPRE YA Y PARA SIEMPRE YA Y PARA SIEMPRE YA Y PARA SIEMPRE YA Y PARA SIEMPRE YA Y PARA SIEMPRE YA Y PARA SIEMPRE YA Y PARA SIEMPRE YA Y PARA SIEMPRE YA Y PARA SIEMPRE YA Y PARA SIEMPRE YA Y PARA SIEMPRE YA Y PARA SIEMPRE YA Y PARA SIEMPRE YA Y PARA SIEMPRE YA Y PARA SIEMPRE YA Y PARA SIEMPRE YA Y PARA SIEMPRE